会社別就活ハンドブックシリーズ

2025

キヤノンの
就活ハンドブック

就職活動研究会 編
JOB HUNTING BOOK

は じ め に

　2021年春の採用から，1953年以来続いてきた，経団連（日本経済団体連合会）の加盟企業を中心にした「就活に関するさまざまな規定事項」の規定が，事実上廃止されました。それまで卒業・修了年度に入る直前の3月以降になり，面接などの選考は6月であったものが，学生と企業の双方が活動を本格化させる時期が大幅にはやまることになりました。この動きは2022年春そして2023年春へと続いております。

　また新型コロナウイルス感染者の増加を受け，新卒採用の活動に対してオンラインによる説明会や選考を導入した企業が急速に増加しました。採用環境が大きく変化したことにより，どのような場面でも対応できる柔軟性，また非接触による仕事の増加により，傾聴力というものが新たに求められるようになりました。

　『会社別就職ハンドブックシリーズ』は，いわゆる「就活生向け人気企業ランキング」を中心に，当社が独自にセレクトした上場している一流・優良企業の就活対策本です。面接で聞かれた質問にはじまり，業界の最新情報，さらには上場企業の株主向け公開情報である有価証券報告書の分析など，企業の多角的な判断・研究材料をふんだんに盛り込みました。加えて，地方の優良といわれている企業もラインナップしています。

　思い込みや憧れだけをもってやみくもに受けるのではなく，必要な情報を収集し，冷静に対象企業を分析し，エントリーシート作成やそれに続く面接試験に臨んでいただければと思います。本書が，その一助となれば幸いです。

　この本を手に取られた方が，志望企業の内定を得て，輝かしい社会人生活のスタートを切っていただけるよう，心より祈念いたします。

就職活動研究会

Contents

第1章

キヤノンの会社概況

会社によって選考方法は千差万別。面接で問われる内容や採用スケジュールもバラバラだ。採用試験ひとつとってみても，その会社の社風が表れていると言っていいだろう。ここでは募集要項や面接内容について過去の事例を収録している。

また，志望する会社を数字の面からも多角的に研究することを心がけたい。

✔ 企業理念・キヤノンスピリット

共生

キヤノンの企業理念は，『共生』です。私たちは，この理念のもと，文化，習慣，言語，民族などの違いを問わず，すべての人類が末永く共に生き，共に働き，幸せに暮らしていける社会をめざします。

しかし，経済，資源，環境など … 現在，地球上には共生を阻むさまざまな問題があります。キヤノンは，共生に根ざした企業活動を通じて，これらを解消するため，積極的に取り組んでいきます。

真のグローバル企業には，顧客，地域社会に対してはもちろん，国や地域，地球や自然に対してもよい関係をつくり，社会的な責任を全うすることが求められます。

キヤノンは，「世界の繁栄と人類の幸福のために貢献していくこと」をめざし，共生の実現に向けて努力を続けます。

■ビジョンを達成するための企業精神。

キヤノンの企業 DNA

歴史を刻み，発展できた背景には，脈々と受け継がれるキヤノンの企業 DNA「人間尊重」「技術優先」「進取の気性」があります。ベンチャー企業として始まった進取の気性と，技術による差別化をめざす姿勢は，深く浸透し，常にキヤノンは社会に新しい提案をしてきました。それを支えてきたのが実力主義や健康第一主義などの人間尊重の姿勢です。今後 100 年，200 年と発展し続けるために，キヤノンはこの企業 DNA を次の世代にしっかりと継承していきます。

三自の精神

キヤノンの行動指針の原点。それが，創業期から受け継がれる「自発・自治・自覚」の「三自の精神」です。企業 DNA を伝承しながら，真のグローバルエクセレントカンパニーをめざすキヤノンにとって，今も最も重要な指針となっています。

[**自発**] 何事にも自ら進んで積極的に行う。

[**自治**] 自分自身を管理する。

[**自覚**] 自分が置かれている立場・役割・状況をよく認識する。

✔ 会社データ

設立	1937年8月10日
本社所在地	東京都大田区下丸子3丁目30番2号
代表電話番号	(03) 3758-2111
代表取締役会長 CEO	御手洗 冨士夫
資本金	174,762百万円（2022年12月31日現在）
従業員数	180,775人（2022年12月31日現在）
売上高	4,031,414百万円（2022年12月決算）
連結子会社数	330社（2022年12月31日現在）

✔ 仕事内容

技術系

「まだ見ぬ世界を切り開く」キヤノンでその先駆者になる！

キヤノンでは、主に理系の方を対象に「技術系」というカテゴリーで採用を行ない、どのような形であれ、技術の創造に深く関わっていくことになります。1937年、「自分たちの手で世界一のカメラをつくりたい」という強い志を持った若者が集まり誕生したキヤノン、以来、オリジナル技術の創造によって、その歴史を切り開いてきました。世の中のどこにもない技術を自らの手によって創造し、企業を、世の中を進歩させるという夢を抱いて挑戦を続けるのは、これまでも、そしてこれからも決して変わることのないキヤノンの企業DNAです。

現在は映像と情報のリーディングカンパニーとして世界的な評価を受けるまでに成長したキヤノンですが、社内のエンジニアたちは決して現状に満足していません。グローバル化が進み、世界中の市場が一体化しつつある今、キヤノンはこれまで以上にアグレッシブに、新たな技術創造へ挑もうとしています。技術系社員には、視野を広く持ち、失敗を恐れず夢をもって新しいことに挑戦し続ける姿勢が求められます。キヤノンというフィールドで、ぜひあなたにしかできない技術創造を実現してください。

「まだ見ぬ世界を切り開く」、そのフィールドはキヤノンにあります。

機械系

キーコンポーネント開発
製品開発・製品設計
生産装置開発・加工技術開発
製造技術開発
製造技術、品質保証

電気・電子系

電子デバイス・LSI技術
システム設計技術
システム検証技術
メカトロ・制御技術

品質保証

情報系

システムソフトウエア開発

ソリューション開発

基幹情報システム

品質保証

物理系

電子デバイス技術

光学技術

記録プロセス技術

解析・シミュレーション技術

品質保証

化学系

材料技術、製造技術

分析・計測技術

解析・シミュレーション技術

品質保証

経営工学系

主に生産活動に関わる領域における IE

生産管理

資材調達

ロジスティクス

工場・生産企画

事業企画など

調達エンジニア

社外から材料・部品・物品を調達する業務を通じて、キヤノンのサプライチェーンの高度化とキヤノン全社のコスト企画の中核を担います。

特許技術

特許戦略で事業展開をリードするエンジニアたちです。

世界各国の開発拠点で知的創造サイクル（創造・保護・活用）を実践しています。

ファシリティ技術

企業活動を円滑に遂行するための会社インフラとライフラインを守り、支える重要な職種です。

Manufacturing Management 職

キヤノンのものづくりを熟知し、グローバルな生産体制を支え、キヤノンの競争力の源泉である「良いもの」を「安くつくる」ための生産活動を推進していきます。

光機フィールドエンジニア 職

光機フィールドエンジニア職は、全学部・全学科すべての方にご応募いただけます。 みなさまそれぞれの専攻を活かしながら幅広い技術を習得して頂き、エッセンシャル産業である半導体・ディスプレイ産業を舞台に世界で活躍できる人材輩出を行っております。

事務系

グローバルな舞台が君を待っている！

キヤノンでは「事務系」というカテゴリーで「事業」と「管理」に携わる社員を採用していますが、その活躍のフィールドは世界です。

海外での売上が全体の約80%を占めるキヤノン、そこには技術力に加え、他の企業に先駆けて海外へ進出し、地域に寄り添ったマーケティングを行ない、人と人とのつながりを大切に一歩、一歩販売網を築きあげてきた事務系社員の努力があります。これはまさに企業理念である「共生」、つまり「世界の繁栄と人類幸福のために貢献していくこと」の表れに他なりません。

事務系の仕事は大きく「事業」と「管理」に分かれます。「事業」は、カメラやプリンター、複合機などに代表されるキヤノン製品の開発・生産・販売をとりまとめ、グローバルな視点で事業の運営を行います。「管理」は、経理や法務など、本社機能としてキヤノンを支えるとともに、世界本社としてグローバルに展開するキヤノングループ全体を統括する役割も担います。いずれもその仕事は、キヤノンの製品を届ける世界中のお客様に向けられています。

「グローバルな舞台が君を待っている」、キヤノンではその舞台に立てます。

事業企画

商品企画、製販調整、市場調査、販売計画立案、販売推進など、開発から販売まですべてにかかわります。

経営企画

トップマネジメントをサポートして、経営構想や経営戦略の策定や、M&A の推進などを行います。

経理

予算作成、資金調達・運用管理、IR 活動、為替管理、原価計算など経営主導型の経理を行います。

法務

契約全般の立案・審査、関連企業組織の法的課題解決など、法律的な面からキヤノンの事業活動をバックアップします。

知的財産法務

クロスライセンス契約などの交渉、国際標準活動や、特許出願業務を通じて事業活動を支援します。

調達

調達施策の立案から、取引先開拓、契約、部品・材料調達、コストダウンを通じ、キヤノンのものづくりを支えます。

生産管理

生産拠点戦略の企画・推進から、生産計画立案まで生産全体をコントロールする役目を担います。

ロジスティクス

物流の企画から法令対応、貿易会計など、キヤノンの海外展開を物流面から管理統括します。

広報・宣伝

キヤノングループ広報宣伝活動の中核として、ブランディング戦略立案および情報発信を行います。

人事・総務

キヤノンの基本理念に基づき採用、配置、育成、労務全般を行います。グループ本社としてのリスク管理も重要な役割です。

✔ 先輩社員の声

【機械系　製品開発・製品設計／2014年入社】
現在の業務について
複写機の給紙機構の要素技術の開発を行っています。現在は給紙ユニットにおける音の改善検討を担当しています。近年，各社製品の静音化が進み，静かな複写機を開発することは重要なテーマとなっています。特に給紙ユニットで突発的に発生する不快な音に関しては長年問題となっており，早期解決が求められていました。そこでまず突発音のメカニズムを明確にするところから始め，新たにシミュレーションを活用した開発手法を導入して改善の検討を進めています。新たな開発手法ということで，社内に知見があまりないなど困難も多い業務ですが，それだけに新しいことに挑戦でき，やりがいを感じています。

キヤノンへの入社を決めた理由
就職活動のときは何かものづくりがしたい，ということでメーカーを広く調べていました。その中でキヤノンに注目したきっかけは，キヤノンギャラリーで見た複写機の断面でした。複写機の中を紙が流れていく動作が，機構としてまるでからくりのようでとても面白く感じ，複写機に興味を持ちました。そんなきっかけでキヤノンで働く先輩に話を伺うと，どの先輩社員も自分の仕事を楽しそうに語ってくれて，仕事にやりがいを持っていることが伺えました。キヤノンであれば自分もやりがいを持って，かつ機械系として面白いものづくりができると考えキヤノンへの入社を決めました。

これから挑戦したいことや夢
私の夢は，新たな技術を生み出せる技術者になることです。現在の業務は要素開発ということで未知の課題に挑んでおり，新たな解決策提案の難しさを日々感じています。そこで今はとにかく積極的に知識を身につけ，その道の一流と呼ばれる技術者に少しでも近づけるように努力しています。まだ知識不足で業務も手探りで進めている状態ですが，ものをつくる技術者として，ユーザーを意識した本当に必要とされる新技術を開発したいと考えています。そのために，新たな分野にもひるまず挑み，自ら率先して新技術を提案・実現していけるような技術者になりたいです。

学生時代に学んだことで，現在の仕事に生かせていること
学生時代は制御工学を専攻し，乗り物の乗り心地を向上させるための振動制御の研究を行っていました。現在の業務は音の検討ということで，学生時代に身に着けた振動の知識や，数値解析に用いるソフトの知識がとても役に立っています。あらかじめ知識を持っていなくても業務にあたることはできたと思いますが，持っていたことによって効率よく検討が進められるため，自分の武器になっていると感じています。その他，学会発表などで培った発表技術も役に立っており，発表が分かりやすいと言っていただいたこともあります。

【事業企画／2016年入社】

現在の業務について

私は，一眼レフカメラの交換レンズ全般の事業戦略を推進する部門に所属しています。そこで，主に一眼レフカメラの交換レンズの製販・出荷業務に携わっています。キヤノンレンズのラインアップは現在，78本（2017年1月現在）にもなります。そのレンズがどの国や地域でどれだけ売れているのかを分析し，生産計画を立てる業務が製販業務になります。そして製造されたレンズを世界の販売会社に送り届け，販売して頂く準備をする業務が出荷業務です。この2つの業務では海外にある工場や販売会社の担当者と日常的に英語でのメールや電話応対を行うため，グローバル企業に身を置いていることを日々実感しながら仕事に励んでいます！

キヤノンへの入社を決めた理由

私は，これからの人生の約半分の年月を過ごす企業を考えた時，以下の3点は譲れないと考えていました。1つ目は「グローバルに働ける企業である」ことです。海外で活躍したいと考えていたので，チャンスの多い企業を探していました。2つ目は「ブランド力が強い」ことです。国内のみならず海外にも影響力のある企業で働き，多くの人と関わりたいと考えていたからです。3つ目は「人」でした。協力しあい，時には全力で意見をぶつけ合って一つ一つの課題を解決できる仲間がいる企業で貢献したいと考えたからです。この点に関して私は胸を張って言えます！キヤノンのみなさんは素晴らしい方ばかりです！これら3つにマッチしていたのがキヤノンでした。

これから挑戦したいことや夢

『一眼レフカメラの楽しさ，素晴らしさをもっといろいろな人に知ってもらうこと』これが私の目標（夢）です。私自身，レンズを扱う部署に来るまでスマホとの違いが全く分かっておらず，写真なんて同じだろうと思っていました。しかし，配属されてさまざまなレンズの特徴を知っていくにつれ，自ら撮影したいという気持ちが沸々と湧いてきました。洞窟内の幻想的な様子を表現できたり，食物をよりおいしそうに撮影したり……。私も会社からレンズを借り，おいしさを極限まで表現した炒飯の撮影に成功！このように私が体験した感動を今度はユーザーの方に伝え，日常生活の場にキヤノンが付加価値を与えられるような活動に従事していきたいと考えています。

学生時代に学んだことで，現在の仕事に生かせていること

自分の行動に意味を考えることを習慣づけると良いと思います。哲学的な話ではなく，簡単に言うとゴールや目的を見出して行動するということです。私たち新人には，言われたこと＋新人がすることによって生まれる付加価値を期待され，業務を任せてもらいます。私は日々上司から，「高安の付加価値を与えられるように」と言葉を掛けられます。これに応えるために，自分が取る行動や，業務の意味を考えることで付加価値を与えられるのでは，と私は考えています。これを残り少ない学生のうちから意識し，例えばバイトや部活に取り組むことで，社会に適応できる力を養えるのではないかと思います。

【機械系　製品開発・製品設計／2008年入社】
複合機における定着器のメカ開発

私の担当業務は、キヤノンの複合機「imageRUNNER ADVANCE」シリーズの新製品における定着器のメカ開発です。定着器とは、トナーをのせた紙を加熱・加圧することにより、トナーを溶かして紙に定着させるモジュールです。メカ設計の主な業務内容は、製品の設計と検討です。まずは、担当チームのメンバーで意見を出し合い、モジュールの構成を決定し、3D-CADを使用してモデルを作成します。その後、モデルを図面に落とし込みます。図面は、製品に関わる人全員が共有するもので、メカ設計者として最も重要なアウトプットです。そして、完成した図面を基に部品を試作し、組み付けて動かします。その動きをよく観察してさまざまな測定を行い、モデル・図面にフィードバックして改良を繰り返し、最終的に製品となっていきます。また、将来の複合機について構想する時間も設けられており、これも大切な業務の一つです。将来的にどのような技術が求められるかという観点で意見を出し合い、実際に設計の検討を行います。このように何もない状態から、自分たちで考えて製品をつくり出し、その製品が世界中のお客さまに使用してもらえることに、非常にやりがいを感じています。

キヤノンの製品と社員に惹かれて

私は、もともとキヤノンの製品が好きで、カメラやプリンターを愛用していましたので、「ものをつくる仕事がしたい」と思ったとき、せっかくなら自分が好きな製品をつくっている会社で働きたい、その製品開発に自分も携わりたいと思いました。また、説明会や先輩社員の話を聞き、新しいことに挑戦していく社風があることや、自分の知らなかった幅広い製品群があることを知り、さらに魅力を感じました。複合機については、正直なところ、パンフレットや説明会で初めてそのような事業があることを知ったぐらいなのですが、実際に開発に携わってみると、印刷業界のようなプロフェッショナル向けの大型機から家電量販店に陳列されているような小型機まで、その製品群は非常に幅広いことがわかります。また、電子写真の機構は、非常に技術分野が広く、また奥が深く、製品開発者としてやりがいがあります。

「自分たちで育て上げた製品が、世界で愛用される」というワクワクを求めて

キヤノンの開発現場には、一人ひとりに任せてくれる風土がありますが、その分、責任も重く、当然ながら、困ることや悩むこともあります。しかしそうしたときは、多くの製品を開発してきた熱意のある先輩たちが親身になって相談に乗ってくれます。そして、いざというときは、チームの全員が一丸となって協力し、大きなパワーを発揮します。「自分たちで育て上げた製品が、世界で愛用される」というワクワクを体験できる場が、キヤノンにはあると思います。「世の中にない製品をつくりたい」という熱意をもった方、ぜひキヤノンで一緒に、世界No.1の製品をつくりましょう。

【技術系 システムソフトウエア開発／2014年入社】
現在の業務について
複写機で出力した画像の画質を定量化する要素技術開発に携わっています。画像の特徴と人間の視覚メカニズムを結びつけて考え、画像がどの程度ざらついて見えるか、というような画質劣化の見え方を数値化しています。この数値化により、ソフト開発やハード開発等のさまざまな開発工程で、画質を共通の指標で扱うことができます。キヤノンの品質の中でも、画質はお客さまが重視するポイントの1つであるため、責任の重い仕事だと捉えています。人の感覚量を扱うことは簡単ではなく、困難も多いですが、1つ1つ課題を乗り越えるたびにやりがいを感じています。

キヤノンへの入社を決めた理由
学生時代は人間の視覚に対する基礎研究を行っていたため、映像・画像機器を扱うメーカーで専攻を生かしたいと考えていました。数ある会社の中で、キヤノンは画像処理技術において世界トップレベルにあり、眼で見るリアリティーを徹底的に再現する研究姿勢があることに引かれました。キヤノンならば自分の専攻が生かせ、世界最先端の開発に携わることができると思い入社を希望しました。また、キヤノンはワーク・ライフ・バランスを重視している点も魅力の1つでした。実際に入社してみると、終業後も趣味の時間を持つことができるため日々充実しています。

これから挑戦したいことや夢
将来は、自部門で扱う画質定量化の知識だけでなく、メカ開発などの別部門における設計手順や制約条件など、幅広い知識を持った技術者になることが夢です。多くの分野の知識を持つことで、未知の課題に直面したときにも新たな視点からアプローチできると考えています。そのためにも、まずは担当業務における知識で漏れがないようにすることを目指しており、日々の業務で疑問に思ったことはすぐに質問して解消しています。上司や先輩たちも、学ぶ姿勢に対してとても協力的で、疑問や意見を伝えると必ず耳を傾けてくれます。

学生時代に学んだことで，現在の仕事に生かせていること
何より基礎学力を習得しておくことです。私は情報系として入社しましたが、業務中に数学や情報の知識が必要となることがよくあります。研究室で学んだ内容だけでなく、学部生の時に講義で習った内容を復習しておくと、いざ必要になったときにスムーズに取り掛かることができます。また、部活・サークルやアルバイトなどを通して、さまざまな年代の人とコミュニケーションを取っておくことをお勧めします。業務は先輩や仲間と協力して進めていくため、今のうちに自分からコミュニケーションを取る姿勢をつけておくと良いと思います。

✔ 募集要項

職種	【営業系】リューションセールス，ソリューションスペシャリスト，マーケティングセールス，ITビジネスプランナー，産業機器セールス 【技術系】ソリューションエンジニア，産業機器エンジニア 【事務系】経理・財務スタッフ，法務・知財スタッフ
応募資格	大学、高専、大学院　卒業見込みの方　または　大学、高専　卒業の方 大学、大学院、高等専門学校を2024年3月に卒業（修了）見込みの方 または、2023年3月に卒業（修了）の方で、2024年4月入社が可能な方 ※国籍、学校、学部、学科は問いません。 ※高等専門学校卒業予定の方は学校推薦に限ります。
初任給	修士了：月給24万6,200円 学部卒：月給22万8,000円 高専卒：月給20万1,300円（2021年4月初任給実績）
諸手当・昇給・賞与	諸手当：入社時、転勤時支度金等 昇給：年1回　賞与：年2回
勤務地	主な勤務地：東京、神奈川、茨城、栃木、静岡、大分 ※将来的に海外現地法人での勤務の可能性もあります。
勤務時間	9時〜17時30分（休憩60分）
福利厚生	社会保険完備（健康保険、厚生年金、雇用保険、労働災害補償保険（労災）） 福利厚生：各種社会保険、企業年金、持株会、共済会、入社時支度金、転勤時支度金、保養所、スポーツ施設、診療所など
休日休暇	週休2日制（原則土日・祝日）、年末年始、夏期連休 年間休日125日、年次有給休暇20日（初年度は13日） ◆フリーバカンス制度 1年間の任意の時期に、年次有給休暇を拠出し、1週間の連続休暇を取得する制度 ◆リフレッシュ休暇制度 勤続5年ごとに、3〜10日の連続休暇が付与される特別休暇制度

✔ 採用の流れ （出典：東洋経済新報社『就職四季報』）

エントリーの時期	【総】3月〜7月　【技】3月〜5月
採用プロセス	【総・技】ES提出（3月〜）→面接（複数回，6月）→内々定

採用実績数

	大卒男	大卒女	修士男	修士女
2022年	153 （文：17 理：136)	46 （文：13 理：33)	0 （文：0 理：0)	0 （文：0 理：0)
2023年	144 （文：17 理：127)	43 （文：13 理：30)	0 （文：0 理：0)	0 （文：0 理：0)

※博士・修士・高専・短大・専門を大卒に含む
2024年：文系30名，理系225名採用予定

✔2023年の重要ニュース (出典:日本経済新聞)

■キヤノン、アプリ使って仮想空間で会話　CESで発表(1/5)

　キヤノンは4日、仮想空間で利用者の姿を再現して会話する仮想現実（VR）アプリ「Kokomo（ココモ）」を2月に米国とカナダで先行配信すると発表した。VR端末とスマートフォンのみで利用者の映像を3次元（3D）で再現する。遠くの相手でも目の前にいるような感覚で会話ができるようにした。

　米ラスベガスのテクノロジー見本市「CES」で発表した。米国現地法人のキヤノンUSAが開発を進めていた。ユーザーからの反応や要望を反映しながら夏ごろにサービスの開始を目指す。日本を含め他地域への展開も検討する。

　無料利用を想定しており、追加の仮想空間や利用時間に応じてサブスクリプション（定額課金）も検討する。

　スマホで撮影した利用者の映像を3次元（3D）で仮想空間上に再現する。目などVR端末で覆われた部分は、事前にスマホでスキャンしたデータに基づいて表情などに合わせて自動で描写する。

　カリフォルニア州マリブの景色が見える空間や、ハワイの海辺など複数の仮想空間を用意し、会話の相手や気分に合わせて選べるようにした。仮想空間上に動画や写真を投影して相手と共有することもできる。

■キヤノン、東京ドームに自由視点映像　巨人戦中継で(3/23)

　キヤノンは23日、同社が開発するあらゆる角度から視聴できる「自由視点映像」システムを東京ドームに導入すると発表した。プロ野球の巨人戦の全試合を対象に撮影し、テレビ中継のリプレー映像で視聴できるようにする。将来的に東京ドームへの来場者を対象にした自由視点映像を使った仮想現実（VR）体験などのサービス展開を目指す。

　読売新聞東京本社、日本テレビ放送網と連携して東京ドームに「ボリュメトリック」と呼ぶ自由視点映像システムを導入した。フィールドを取り囲むように98台のカメラを設置し、撮影して3秒後には空間を3次元で捉えて自由視点映像として出力できる。

　得点シーンなどのリプレーなどでテレビ局側が視点を選んで放送する。例えばグラウンドにいる選手と同じ目線からの映像などを視聴することができるようになる。キヤノンは2022年4月と7月に巨人戦の試合で試験的に自由視点映像を導入していた。

■キヤノン、新型カメラ開発　暗闇で数キロ先をカラー撮影（4/3）

　キヤノンは 3 日、暗闇でも数キロメートル先の対象物を鮮明にカラー撮影できる新型カメラを開発したと発表した。肉眼で何も見えない状況でも微弱な光を認識する SPAD（単一光子アバランシェダイオード）と呼ばれる画像センサーを搭載した。監視用途などを想定しており、2023 年内の発売を目指す。

　SPAD センサーは「フォトン（光子）カウンティング」と呼ぶ技術で、センサー内に入った 1 つの光子を大きな電気信号に増倍させることで微弱な光でも物体を検出できる。キヤノンが 21 年に開発した、画像の鮮明さを左右するセンサーの画素数が従来の 3 倍超の 320 万画素となる SPAD センサーを搭載した。キヤノンによると SPAD センサーを搭載したカメラは世界初という。

　新センサーの搭載で、従来の CMOS センサーではノイズが増えて鮮明に撮影できなかったような暗闇の中の遠くの対象物でも鮮明な映像を撮影できる。例えば星の出ていないような暗闇でも、数キロメートル先の船舶の種類を確認できるという。価格は非公開で、港湾警備など監視向けに政府機関などに売り込む。

■キヤノンと東大、医療分野で連携　認知症の早期発見など（11/7）

　東京大学とキヤノン、キヤノンメディカルシステムズは 7 日、医療分野の連携で協定を結んだ。キヤノングループの画像処理の技術や東大の研究力を生かし、認知症の一つであるアルツハイマー病の早期発見などを共同で研究する。救急や心疾患などを対象に、人工知能（AI）を活用した診療支援システムなども手掛ける。

　東大医学部付属病院や他病院のデータを使う。がん再発の早期発見や、ステージ 3 と診断されたがん患者の再発予防なども研究する。東大の藤井輝夫学長は「東大内には医学だけでなく法学や哲学など多岐にわたる専門家がいる。横断的に取り組みたい」と期待した。

　キヤノンメディカルシステムズはキヤノンの子会社でコンピューター断層撮影装置（CT）や磁気共鳴画像装置（MRI）などを販売している。キヤノングループは AI やデータ分析、画像処理の技術などを提供する。

　キヤノンの御手洗冨士夫会長兼社長最高経営責任者（CEO）は「東大の研究者の知識や臨床現場で培った知恵と、キヤノングループが持つ医療システムを融合し、技術開発を促進したい」と語った。

✔2022年の重要ニュース （出典：日本経済新聞）

■キヤノン、デジカメ復調で純利益2.6倍　コロナ前回復（1/27）

キヤノンが27日に発表した2021年12月期の連結決算（米国会計基準）は、純利益が前の期比2.6倍の2147億円と新型コロナウイルスの感染拡大前の水準に回復した。不振が続いていたデジタルカメラによる収益が伸びた。需要が底堅い「ミラーレス一眼」で新型機を積極投入したことが奏功した。医療機器など新規事業の成長加速が次の焦点となる。

連結売上高は前の期比11％増の3兆5133億円。営業利益は2.6倍の2819億円となった。期中に2度、純利益予想を上方修正した。新型コロナの感染拡大で落ち込んでいたデジカメの復活が貢献した。

デジカメなどイメージング事業の営業利益は787億円と14倍に急回復した。連結営業利益に占める同事業の利益は約3割となり、全体の業績回復を引っ張った。

キヤノンが力を入れたのは、レンズ交換式のミラーレス一眼だ。

高性能カメラを搭載したスマートフォンの普及でデジカメ市場は縮小が続いてきた。カメラ映像機器工業会（CIPA）によると、20年の世界出荷台数は888万台とピークだった10年の14分の1程度まで縮小した。だが、ここにきて市場自体が復調している。21年1〜11月の出荷額は4年ぶりに前年同期比でプラスになった。市場回復を引っ張るのがミラーレス一眼だ。

消費者が「嗜好品」として中・高級機を購入する動きが目立つ。キヤノンの御手洗冨士夫会長兼社長最高経営責任者（CEO）は「スマホカメラでは物足りない消費者がカメラを買い始めた。購買人口は増えていく」と指摘する。

ミラーレス一眼では競合のソニーが先行したが、キヤノンは巻き返しを狙い、カメラ需要が盛り上がる「五輪」の時期にあわせ、プロ・上級者向けの高級ミラーレスの新機種を相次ぎ投入した。北京冬季五輪にあわせ投入したフルサイズミラーレス「EOS R3」が好調で、東京五輪前に発売した「R5」「R6」も受注残を抱える。

調査会社のテクノ・システム・リサーチ（東京・千代田）によると、21年暦年のミラーレスの世界シェア（生産台数ベース）で、キヤノンは33.9％と20年比で1.7ポイント増となった。首位のソニーの37.4％に迫る。

キヤノンは今後もミラーレスに注力する方針だ。コンパクトデジカメを手がける中国工場の生産を終了する準備を進める一方、22年12月期にレンズ交換式カメラの販売台数を1割増の300万台に増やす計画だ。

■半導体「3次元」露光装置開発　23年にAI向け（3/31）

　キヤノンは人工知能（AI）などに使う先端半導体で、複数のチップを積み重ねて性能を高める「3次元」技術向けの露光装置を開発する。2023年上期にも売り出す。露光面積を従来機から約4倍に広げて、AIに使う大型半導体の生産に対応する。回路を細くして集積度を高める「微細化」のペースが鈍るなか、成長期待がある3次元分野を開拓する。

　3次元技術は複数の半導体チップを積み重ねて密に接続することで性能を高める手法だ。チップを載せる板状の部品には、チップ同士を電気的に接続する細かい配線が何層にもわたって高密度に形成されている。この配線を形成するための露光装置で新型を開発する。

　新開発の露光装置では、従来品からレンズやステージといった光学系部品を改良することで露光精度を高め、従来機の4倍の面積を露光できるようにする。AIシステムなどに使う先端半導体では、接続するチップの数が増えて半導体製品が大型化している。大型化に伴い増加傾向にある接続部品の製造に対応できる。

　配線を高密度化するために解像度を高めた。一般の露光装置では解像度は10数マイクロ（マイクロは100万分の1）メートルだったが、新開発の露光装置は1マイクロメートルの線幅にも対応できるようにした。

■新型MRゴーグル　視野角拡大で見やすく（4/22）

　キヤノンは現実世界にCG（コンピューターグラフィックス）映像を融合する複合現実（MR）技術に対応したゴーグル端末の新型機種を6月上旬に発売すると発表した。従来機種に比べて画角を拡大し、映像の表示面積を約2.5倍に高めた。生産現場や設計開発といった製造業のほか、自動車販売会社の営業現場などへの導入を見込む。キヤノンが開発する自由視点映像を組み合わせるなどしてエンターテインメント向けの需要も開拓する。

　レンズなど光学系を新たに開発し、従来機に比べて映像の表示面積を約2.5倍に拡大しながら、重量は359グラムと小型軽量にした。従来の頭に装着するゴーグル式に加え、イベントなどで使いやすいように両手ハンドルをつけて手持ちで視聴できるようにもした。

　MRに必要なソフトウエアやパソコンなどとセットで販売する。価格はオープンだがMR端末のみで税別200万円程度を想定する。2025年に年間1000台の販売を目指す。

✔2021年の重要ニュース（出典：日本経済新聞）

■キヤノン系、新型コロナ検査30分で完結の試薬発売（1/8）

　キヤノンメディカルシステムズは8日、新型コロナウイルスの感染の有無を調べる検査が検体採取から約30分で完結できる試薬を発売したと発表した。早くても約1時間はかかる主流のPCR法よりも早く結果が分かる。島津製作所がPCR検査向けに販売する試薬を使うことで、鼻の粘膜や唾液から核酸を抽出する処理にかかる時間を短縮。検査システムの速さを売りに普及を狙う。

　キヤノンメディカルは一定の温度でウイルスの遺伝子を増やして判定する「LAMP（ランプ）法」を使う。島津が提供する試薬は、検体に混じる不純物が遺伝子の増幅を妨げる働きを抑え込むことができる。キヤノンメディカルが自社の検査システムに島津の試薬を使って十分な検査精度を確保したことで、検体採取から約7分で検査装置にセットできるという。

　288回分の検査を1セットとして税別72万円で販売する。離島の港や空港、大型イベント会場で大人数を一括で検査するといった需要の取り込みを狙う。

■キヤノン、自動で人物撮る卓上カメラを本格販売（1/29）

　キヤノンは近く、自動で人物の表情や構図を捉えて撮影する卓上カメラを本格的に発売する。日常生活やイベント時に近くに置くことで、撮影者が操作しなくても写真を撮りためてくれる。販売子会社のキヤノンマーケティングジャパンが29日にクラウドファンディングサイトを通じて4月28日までの限定販売を開始。ユーザーの反応をみながら販売拡大に踏み出す。

　製品名は「PowerShot PICK（パワーショットピック）」。カメラ部分とバッテリーなどで構成され、重さは約170グラム。手のひらに収まるサイズに小型化した。カメラ部分は上下左右に回転するほか、最大で3倍までのズームが可能。静止画と動画を撮影できる。家族での食事やだんらんなどの場面を自動で撮影してくれる。

　三脚に取り付けられるほか、手ぶれ補正機能を持たせたことで手に持って動作させやすくした。声やスマートフォンを使って操作する機能も備える。スマホのアプリを使って、プレビューや記録データの確認ができる。

　キヤノンマーケティングジャパンがクラウドファンディングのサイト「マクアケ」を通じて、限定3000台の販売を始めた。価格は充電器とセットの場合で税込み4万900円。小売店などでの一般販売の時期は後日公表する。

■キヤノン、工場従業員に DX 教育　成長職種へ配置転換（7/7）

　事業構造改革に向けて社員にデジタル関連などの再教育をする企業が増えてきた。キヤノンは工場従業員を含む 1500 人にクラウドや人工知能（AI）の研修を実施する。医療関連への配置転換などを通じ成長につなげる。三井住友フィナンシャルグループ（SMFG）はグループ従業員 5 万人にデジタル教育を進める。デジタル技術の進化に対応した「リスキリング（学び直し）」に世界各国が取り組むなか、政策の後押しも課題になる。

　キヤノンは就業時間を使い、半年程度の専門教育をする。プログラム言語やセキュリティーなど、デジタル知識のレベルごとに 14 系統の 190 講座を用意した。必要に応じ統計や解析、代数などの基礎知識も学べるようにして、幅広い人材の職種転換を後押しする。

　講師は社内の技術者のほか、クラウド技術などは米マイクロソフトなど外部からも招く。

　まず 1500 人を対象とする。2021 年春の新卒採用数の 4.6 倍に相当する。

　取り組みは既に一部で始めている。プリンター開発をしていた 20 代の社員は 3 月から新たに医療機器部門で働き始めた。コンピューター断層撮影装置（CT）など医療機器の検査精度を高めるため、機械学習と画像認識を組み合わせる商品開発をしており、先輩社員についてソフトウエア開発を担当している。

　今後は生産職向けの研修も増やす。医療機器にクラウド技術を組み合わせ、遠隔地の専門医が脳卒中患者の CT 画像を解析するといった「スマート医療」を進める人材などの育成を目指す。

　主力だった事務機やデジタルカメラは市場が縮小している。医療機器などメディカル事業の売上高を 2025 年 12 月期に 6000 億円と 5 年で約 4 割増やすなど、事業の入れ替えを急ぎたい考えだ。御手洗冨士夫会長兼社長最高経営責任者（CEO）は「教育を通じて縮小部門から戦略部門に人材を振り向け、競争力を高めたい」と話す。

　SMFG は三井住友銀行などの従業員 5 万人を対象に「デジタル変革プログラム」を始めた。e ラーニングなどを通じ、デジタルツールの活用法や取引先のデジタルトランスフォーメーション（DX）を支援する手法などを身につけてもらう。

　日本政府も支援を拡充しているが、まだ遅れており、企業は主体的に内部での再教育に踏み切る。ただ、中堅・中小企業にできることは限られる。講師の育成なども含め、学び直しを支援する公的な仕組みの拡充が必要だ。

✔ 就活生情報

> 面接では素直に自分の言葉で，しっかりと受け答え
> 出来れば，必ず評価してもらえます

技術系総合職 2021卒

エントリーシート

・形式：採用ホームページから記入
・内容：10年後の世界はどのようになっているか，それを踏まえてキャノンで
　やりたいことは何か，学生時代に力を入れて取り組んだこと，研究内容（学部・
　修士）

セミナー

・記載無し

筆記試験

・形式：Webテスト
・科目：SPI（数学，算数／国語，漢字／性格テスト）

面接（個人・集団）

・雰囲気：和やか
・回数：2回
・質問内容：学生時代に力を入れたこと，研究概要，研究で苦労したこと，自
　分なりに工夫したこと，志望動機，どんな仕事がしたいか，逆質問

内定

・拘束や指示：推薦なので他社の内定を辞退した
・通知方法：メール

▶ その他受験者からのアドバイス

・筆記試験やWebテストが苦手な場合は，プライドを捨てて早めに対策する

座談会では積極的に質問をすること。社員の生の声を聴ける貴重な機会なので，ぜひ活用しましょう

技術系総合職 2020卒

エントリーシート

・形式：採用ホームページから記入
・内容：キヤノンでチャレンジしたいこと，学業以外で力を注いだこと，修士論文の説明

セミナー

・選考とは無関係
・服装：リクルートスーツ
・内容：職種やテーマ（プロジェクトストーリー，社員との座談会など）ごとに様々な角度からキヤノンについて知ることのできるものだった

筆記試験

・形式：Webテスト
・科目：SPI（英語／数学，算数／性格テスト）

面接（個人・集団）

・質問内容：第一面接では自己紹介と研究紹介のスライドを作成し10分程度発表。その後にその発表に沿った質問がある。ほとんど研究紹介についての質問。第二面接は最初簡単な自己紹介，その後は志望理由，大学での授業，研究についての質問がほとんど。どちらも最後に逆質問あり。

内定

・通知方法：電話

● その他受験者からのアドバイス

・技術系の人はどの企業に行くにしても，まず自分の研究に関して深い理解が必須。そしてその理解したことを，論理的にはっきり相手に伝えられるようにすること。そうすれば志望動機などもわかりやすく，かつ説得力をもって，自然に相手に伝える能力が身につくと思う

研究に対する姿勢とコミュニケーション能力が評価されたと，フィードバックを受けたので，この2項目が重要かと感じました

総合職 2019卒

エントリーシート

・形式：採用ホームページから記入
・内容：勉学で学生時代に力を入れたことは，他者と協働して頑張ったことは，キヤノンでの業務を通じてどんな人になりたいか

セミナー

・選考とは無関係
・服装：リクルートスーツ
・内容：社員との座談会や逆質問，事業説明

筆記試験

・形式：マークシート／Webテスト
・科目：数学，算数／国語，漢字／性格テスト
・内容：エントリーの時点で一回GAB形式があった。最終面接の前にもSPIのテストセンターの提出の指示があった

面接（個人・集団）

・質問内容：1時間ほどでSEの内容に沿って進む。時折鋭い質問が飛んでくるので気が抜けない。聞かれて難しいと感じた質問は「あなたの専攻を踏まえて自社の経営課題は何か」「研究した題材に関して，題材の企業はどのような戦略を取るべきであったと感じるか」といったもの

内定

・通知方法：電話

▶ その他受験者からのアドバイス

・自分から話しすぎず，簡潔に論理的に話すよう努めること

可能性を狭めないためにも，広くたくさんの企業を
受けることが大切です

文系総合職 2018卒

エントリーシート
・形式：採用ホームページから記入
・内容：力を入れた学業，力を入れたこと，キャノンでやってみたいこと

セミナー
・選考とは無関係
・服装：リクルートスーツ
・内容：若手社員によるブース形式の説明会

筆記試験
・形式：Webテスト
・科目：数学，算数／国語，漢字。内容は，TGWeb

面接（個人・集団）
・雰囲気：和やか
・回数：3回
・質問内容：学生時代頑張ったこと，学業について，日常的な過ごし方

内定
・拘束や指示：1週間程度待っていただけた
・通知方法：電話
・タイミング：予定より早い

▶ その他受験者からのアドバイス
・よかった点は，6月に入ってから，驚くほど選考のスピードが早かった。結
　果連絡はすべて即日だった
・よくなかった点は，リクルーター面談をしてから1ヶ月以上放置された

勉強や研究重視な気がします。研究内容はいかにわかりやすくまとめ話せるようにしておきましょう

技術 2018卒

エントリーシート

・形式：採用ホームページから記入
・内容：入社してやりたいこと，学業以外で力を注いだこと，部活，サークル活動，アルバイト，ボランティア，資格，免許，検定，賞罰，希望技術領域，卒論，修論など

セミナー

・選考とは無関係
・服装：リクルートスーツ
・内容：全体ガイダンス，座談会，専攻別仕事紹介（ブース形式）

筆記試験

・形式：マークシート
・科目：SPI（数学，算数／国語，漢字）

面接（個人・集団）

・雰囲気：和やか
・回数：3回
・質問内容：主に研究内容について，成績について，ESについて，主に研究内容について，やりたいこと，専門性を事業内容にどう活かせるか

内定

・通知方法：電話

▶ その他受験者からのアドバイス

・よかった点は，1週間返事を待っていただいた。交通費の補助が大変助かった。連絡が即日〜3日以内と早い
・1次，2次共に，勉強や研究が重視され，一般的なサークルや趣味などの，話しやすい話題があまり出なかったので，少しやりづらかった

就活に万全の状態で入っていけるように，自己分析
ははやめにやっておきましょう

調達エンジニア 2018卒

エントリーシート

・形式：採用ホームページから記入
・内容：キャノンでやりたいこと，その背景，学生時代に力を入れたこと，得意
な科目や研究について

セミナー

・選考とは無関係
・服装：リクルートスーツ
・内容：業界説明，企業説明，先輩社員との質疑応答

筆記試験

・形式：Webテスト
・科目：SPI（数学，算数／国語，漢字／性格テスト）

面接（個人・集団）

・雰囲気：和やか
・回数：2回
・質問内容：エントリーシートに沿った内容がほとんど

内定

・拘束や指示：特になし
・通知方法：電話
・タイミング：予定より早い

● その他受験者からのアドバイス

・よかった点は，選考が早く進む
・よくなかった点は，関東圏に住んでいる人には交通費が支給されない

ESを書く際は，有価証券報告書をすみずみまで読みましょう。その上でES，さらに面接に臨んでください

事務系総合職 2018卒

エントリーシート

・形式：採用ホームページから記入

セミナー

・選考とは無関係
・服装：リクルートスーツ
・内容：集団OB訪問だった

筆記試験

・形式：Webテスト
・科目：数学，算数／国語，漢字
・内容：WEBテストはTG，最終面接前にSPIが課される。SPIは勉強した方が良い

面接（個人・集団）

・雰囲気：和やか
・回数：2回
・質問内容：学生時代頑張ったこと，志望動機，入ってやりたいこと。あまり志望動機を聞かれない。学生時代頑張ったことがメイン

内定

・拘束や指示：特になし
・通知方法：電話
・タイミング：予定より早い

▶ その他受験者からのアドバイス

・6月前に内定が出た
・社員の方の人柄が本当によい

自身の研究をしっかりしておくことが，一番大事だと思います。どんな質問がきても答えられるように，準備しておきましょう

技術 2017卒

エントリーシート
・形式：採用ホームページから記入

セミナー
・選考とは無関係
・服装：リクルートスーツ

筆記試験
・形式：Webテスト
・科目：SPI（数学，算数／国語，漢字／性格テスト）

面接（個人・集団）
・雰囲気：普通
・回数：2回
・質問内容：研究について資料を準備しての10分間のプレゼンがあります

内定
・通知方法：電子メール

推薦がとれる場合は利用して下さい。選考フローは自由と変わりませんが，かなり内定はとりやすくなるかと思います

技術系 2017卒

エントリーシート

・形式：採用ホームページから記入
・内容：キヤノンに入社してやりたいこと，実現したいこと，学業以外で力を入れたこと，学部時代の研究について，院生になってからの研究についてなど

セミナー

・選考とは無関係
・服装：リクルートスーツ
・内容：全体説明の後，機械系，電気系，化学系などのブースに分かれての説明会

筆記試験

・形式：Webテスト
・科目：数学，算数／国語，漢字／性格テスト
・内容：テストセンター（言語・非言語，性格試験）

面接（個人・集団）

・雰囲気：和やか
・回数：3回
・質問内容：自己紹介と研究概要の10分間のプレゼンテーション，志望動機，自己PRなど

内定

・通知方法：電子メール

企業の知名度ではなく，自分がどんな事をしたいのかをまず考えてください。多くの企業の中で自分が納得して選べば，後悔はしません

技術総合職 2017卒

エントリーシート

・形式：履歴書のみ
・内容：入社してやりたいこと，また初めにしたい仕事，学生時代頑張ったこと，卒論と修論について

セミナー

・選考とは無関係
・服装：リクルートスーツ
・内容：専門職の社員の方人とお話しを通じて，仕事内容などについての理解を深めるための会だった

筆記試験

・形式：Webテスト
・科目：数学，算数／国語，漢字／性格テスト
・内容：テストセンター(言語・非言語，性格試験)

面接（個人・集団）

・雰囲気：和やか
・回数：3回
・質問内容：研究内容についてプレゼン，学生時代頑張ったこと，会社選びの仕方，自分の短所など

内定

・通知方法：電話
・タイミング：予定より早い

● その他受験者からのアドバイス

・面接回数が少なく聞かれることが明確でよかった
・セミナーで職種や企業理解がしやすくなった

✔ 有価証券報告書の読み方

01 部分的に読み解くことからスタートしよう

　「有価証券報告書（以下，有報）」という名前を聞いたことがある人も少なくはないだろう。しかし，実際に中身を見たことがある人は決して多くはないのではないだろうか。有報とは上場企業が年に1度作成する，企業内容に関する開示資料のことをいう。開示項目には決算情報や事業内容について，従業員の状況等について記載されており，誰でも自由に見ることができる。

　一般的に有報は，証券会社や銀行の職員，または投資家などがこれを読み込み，その後の戦略を立てるのに活用しているイメージだろう。その認識は間違いではないが，だからといって就活に役に立たないというわけではない。就活を有利に進める上で，お得な情報がふんだんに含まれているのだ。ではどの部分が役に立つのか，実際に解説していく。

■有価証券報告書の開示内容

　では実際に，有報の開示内容を見てみよう。

有価証券報告書の開示内容
第一部【企業情報】
第1　【企業の概況】
第2　【事業の状況】
第3　【設備の状況】
第4　【提出会社の状況】
第5　【経理の状況】
第6　【提出会社の株式事務の概要】
第7　【提出会社の状参考情報】
第二部【提出会社の保証会社等の情報】
第1　【保証会社情報】
第2　【保証会社以外の会社の情報】
第3　【指数等の情報】

有報は記載項目が統一されているため，どの会社に関しても同じ内容で書かれている。このうち就活において必要な情報が記載されているのは，第一部の第1【企業の概況】～第5【経理の状況】まで，それ以降は無視してしまってかまわない。

02 企業の概況の注目ポイント

第1【企業の概況】には役立つ情報が満載。そんな中，最初に注目したいのは，冒頭に記載されている【主要な経営指標等の推移】の表だ。

回次		第25期	第26期	第27期	第28期	第29期
決算年月		平成24年3月	平成25年3月	平成26年3月	平成27年3月	平成28年3月
営業収益	（百万円）	2,532,173	2,671,822	2,702,916	2,756,165	2,867,199
経常利益	（百万円）	272,182	317,487	332,518	361,977	428,902
親会社株主に帰属する当期純利益	（百万円）	108,737	175,384	199,939	180,397	245,309
包括利益	（百万円）	109,304	197,739	214,632	229,292	217,419
純資産額	（百万円）	1,890,633	2,048,192	2,199,357	2,304,976	2,462,537
総資産額	（百万円）	7,060,409	7,223,204	7,428,303	7,605,690	7,789,762
1株当たり純資産額	（円）	4,738.51	5,135.76	5,529.40	5,818.19	6,232.40
1株当たり当期利益	（円）	274.89	443.70	506.77	458.95	625.82
潜在株式調整後1株当たり当期純利益	（円）	—	—	—	—	—
自己資本比率	（%）	26.5	28.1	29.4	30.1	31.4
自己資本利益率	（%）	5.9	9.0	9.5	8.1	10.4
株価収益率	（倍）	19.0	17.4	15.0	21.0	15.5
営業活動によるキャッシュ・フロー	（百万円）	558,650	588,529	562,763	622,762	673,109
投資活動によるキャッシュ・フロー	（百万円）	△370,684	△465,951	△474,697	△476,844	△499,575
財務活動によるキャッシュ・フロー	（百万円）	△152,428	△101,151	△91,367	△86,636	△110,265
現金及び現金同等物の期末残高	（百万円）	167,525	189,262	186,057	245,170	307,809
従業員数[ほか，臨時従業員数]	（人）	71,729 [27,746]	73,017 [27,312]	73,551 [27,736]	73,329 [27,313]	73,053 [26,147]

見慣れない単語が続くが，そう難しく考える必要はない。特に注意してほしいのが，**営業収益**，**経常利益**の二つ。営業収益とはいわゆる**総売上額**のことであり，これが企業の本業を指す。その営業収益から営業費用（営業費（販売費＋一般管理費）＋売上原価）を差し引いたものが**営業利益**となる。会社の業種はなんであれ，モノを顧客に販売した合計値が営業収益であり，その営業収益から人件費や家賃，広告宣伝費などを差し引いたものが営業利益と覚えておこう。対して経常利益は営業利益から本業以外の損益を差し引いたもの。いわゆる金利による収益や不動産収入などがこれにあたり，本業以外でその会社がどの程度の力をもっているかをはかる絶好の指標となる。

■会社のアウトラインを知れる情報が続く。

　この主要な経営指標の推移の表につづいて，「会社の沿革」，「事業の内容」，「関係会社の状況」「従業員の状況」などが記載されている。自分が試験を受ける企業のことを，より深く知っておくにこしたことはない。会社がどのように発展してきたのか，主としている事業はどのようなものがあるのか，従業員数や平均年齢はどれくらいなのか，志望動機などを作成する際に役立ててほしい。

03　事業の状況の注目ポイント

　第2となる【事業の状況】において，最重要となるのは**業績等の概要**といえる。ここでは1年間における収益の増減の理由が文章で記載されている。「○○という商品が好調に推移したため，売上高は△△になりました」といった情報が，比較的易しい文章で書かれている。もちろん，損失が出た場合に関しても包み隠さず記載してあるので，その会社の1年間の動向を知るための格好の資料となる。

　また，業績については各事業ごとに細かく別れて記載してある。例えば鉄道会社ならば，①運輸業，②駅スペース活用事業，③ショッピング・オフィス事業，④その他といった具合だ。**どのサービス・商品がどの程度の売上を出したのか**，会社の持つ展望として，今後**どの事業をより活性化**していくつもりなのか，などを意識しながら読み進めるとよいだろう。

■「対処すべき課題」と「事業等のリスク」

　業績等の概要と同様に重要となるのが，「**対処すべき課題**」と「**事業等のリスク**」の2項目といえる。ここで読み解きたいのは，その会社の**今後の伸びしろ**について。いま，会社はどのような状況にあって，どのような課題を抱えているのか。また，その課題に対して取られている対策の具体的な内容などから経営方針などを読み解くことができる。リスクに関しては法改正や安全面，他の企業の参入状況など，会社にとって決してプラスとは言えない情報もつつみ隠さず記載してある。客観的にその会社を再評価する意味でも，ぜひ目を通していただきたい。

　次代を担う就活生にとって，ここの情報はアピールポイントとして組み立てやすい。「新事業の○○の発展に際して……」，「御社が抱える●●というリスクに対して……」などという発言を面接時にできれば，面接官の心証も変わってくるはずだ。

最後に注目したいのが，第5【経理の状況】だ。ここでは，簡単にいえば【主要な経営指標等の推移】の表をより細分化した表が多く記載されている。ここの情報をすべて理解するのは，簿記の知識がないと難しい。しかし，そういった知識があまりなくても，読み解ける情報は数多くある。例えば**損益計算書**などがそれに当たる。

連結損益計算書

(単位：百万円)

	前連結会計年度 (自 平成26年4月1日 至 平成27年3月31日)	当連結会計年度 (自 平成27年4月1日 至 平成28年3月31日)
営業収益	2,756,165	2,867,199
営業費		
運輸業等営業費及び売上原価	1,806,181	1,841,025
販売費及び一般管理費	※1 522,462	※1 538,352
営業費合計	2,328,643	2,379,378
営業利益	427,521	487,821
営業外収益		
受取利息	152	214
受取配当金	3,602	3,703
物品売却益	1,438	998
受取保険金及び配当金	8,203	10,067
持分法による投資利益	3,134	2,565
雑収入	4,326	4,067
営業外収益合計	20,858	21,616
営業外費用		
支払利息	81,961	76,332
物品売却損	350	294
雑支出	4,090	3,908
営業外費用合計	86,403	80,535
経常利益	361,977	428,902
特別利益		
固定資産売却益	※4 1,211	※4 838
工事負担金等受入額	※5 59,205	※5 24,487
投資有価証券売却益	1,269	4,473
その他	5,016	6,921
特別利益合計	66,703	36,721
特別損失		
固定資産売却損	※6 2,088	※6 1,102
固定資産除却損	※7 3,957	※7 5,105
工事負担金等圧縮額	※8 54,253	※8 18,346
減損損失	※9 12,738	※9 12,297
耐震補強重点対策関連費用	8,906	10,288
災害損失引当金繰入額	1,306	25,085
その他	30,128	8,537
特別損失合計	113,379	80,763
税金等調整前当期純利益	315,300	384,860
法人税、住民税及び事業税	107,540	128,972
法人税等調整額	26,202	9,326
法人税等合計	133,742	138,298
当期純利益	181,558	246,561
非支配株主に帰属する当期純利益	1,160	1,251
親会社株主に帰属する当期純利益	180,397	245,309

主要な経営指標等の推移で記載されていた**経常利益**の算出する上で必要な営業外収益などについて，詳細に記載されているので，一度目を通しておこう。

いよいよ次ページからは実際の有報が記載されている。ここで得た情報をもとに有報を確実に読み解き，就職活動を有利に進めよう。

✔ 有価証券報告書

※抜粋

企業の概況

1 主要な経営指標等の推移

(1) 連結経営指標等 ···

回次		第118期	第119期	第120期	第121期	第122期
決算年月		2018年12月	2019年12月	2020年12月	2021年12月	2022年12月
売上高	(百万円)	3,951,937	3,593,299	3,160,243	3,513,357	4,031,414
税引前当期純利益	(百万円)	362,392	195,493	130,280	302,706	352,440
当社株主に帰属する当期純利益	(百万円)	252,441	124,964	83,318	214,718	243,961
包括利益（損失）	(百万円)	143,028	102,492	80,941	406,815	476,959
株主資本	(百万円)	2,820,644	2,685,496	2,575,031	2,873,773	3,113,105
総資産	(百万円)	4,902,955	4,771,918	4,625,614	4,750,888	5,095,530
1株当たり株主資本	(円)	2,612.31	2,524.36	2,462.65	2,748.36	3,065.97
基本的1株当たり当社株主に帰属する当期純利益	(円)	233.80	116.79	79.37	205.35	236.71
希薄化後1株当たり当社株主に帰属する当期純利益	(円)	233.78	116.77	79.35	205.29	236.63
株主資本比率	(%)	57.5	56.3	55.7	60.5	61.1
株主資本当社株主に帰属する当期純利益率	(%)	8.9	4.5	3.2	7.9	8.1
株価収益率	(倍)	12.8	25.6	24.9	13.6	12.1
営業活動によるキャッシュ・フロー	(百万円)	365,293	358,461	333,805	451,028	262,603
投資活動によるキャッシュ・フロー	(百万円)	△195,615	△228,568	△155,439	△207,256	△180,820
財務活動によるキャッシュ・フロー	(百万円)	△354,830	△232,590	△183,449	△267,366	△146,844
現金及び現金同等物の期末残高	(百万円)	520,645	412,814	407,684	401,395	362,101
従業員数	(人)	195,056	187,041	181,897	184,034	180,775

(注) 1　当社の連結財務諸表は，米国において一般に公正妥当と認められる企業会計の基準に基づいて作成
　　　　されております。

　　　2　売上高には，消費税等を含んでおりません。

(point) **売上重視から利益重視へ意識転換**

　過去5年は比較的利益は安定している。1995年に社長に就任した御手洗冨士夫氏により「売上重視から利益重視」への意識の転換が徹底されている。PC・光ディスク・FLCD・ワープロ・電子タイプライタ・液晶用カラーフィルタ・光カードの不採算7分野から撤退し，デジタルカメラや，他の事務機器へ経営資源が投入された。

(2) 提出会社の経営指標等 ···

回次		第118期	第119期	第120期	第121期	第122期
決算年月		2018年12月	2019年12月	2020年12月	2021年12月	2022年12月
売上高	(百万円)	1,822,782	1,539,271	1,255,499	1,508,752	1,739,820
経常利益	(百万円)	248,630	102,000	40,481	247,994	214,323
当期純利益	(百万円)	208,921	90,169	42,845	227,999	193,624
資本金	(百万円)	174,762	174,762	174,762	174,762	174,762
発行済株式総数	(株)	1,333,763,464	1,333,763,464	1,333,763,464	1,333,763,464	1,333,763,464
純資産	(百万円)	1,489,315	1,358,701	1,225,758	1,367,549	1,341,103
総資産	(百万円)	2,997,395	2,928,307	2,855,139	2,819,215	2,914,232
1株当たり純資産	(円)	1,379.11	1,276.73	1,171.59	1,307.10	1,319.84
1株当たり配当額 (内1株当たり 中間配当額)	(円)	160.00 (80.00)	160.00 (80.00)	80.00 (40.00)	100.00 (45.00)	120.00 (60.00)
1株当たり当期 純利益	(円)	193.49	84.27	40.81	218.02	187.84
潜在株式調整後 1株当たり当期 純利益	(円)	193.48	84.26	40.80	217.96	187.78
自己資本比率	(%)	49.68	46.38	42.91	48.49	45.99
自己資本利益率	(%)	14.2	6.3	3.3	17.6	14.3
株価収益率	(倍)	15.5	35.4	48.5	12.8	15.2
配当性向	(%)	82.69	188.77	195.27	45.87	63.39
従業員数	(人)	25,891	25,740	25,713	25,377	24,717
株主総利回り (比較指標：配当込 みTOPIX)	(%) (%)	75.3 (84.2)	78.7 (98.8)	56.6 (105.4)	78.6 (117.9)	82.8 (115.0)
最高株価	(円)	4,395.0	3,338.0	3,099.0	2,938.0	3,516.0
最低株価	(円)	2,876.5	2,687.5	1,627.0	1,876.0	2,538.5

(注) 1 売上高には，消費税等を含んでおりません。

2 最高株価及び最低株価は東京証券取引所（市場第一部）におけるものであります。

point **財務体質強化で安定配当を継続**

1988年以来減配したことが無く，配当性向が安定して高いのは財務が安定していることを意味しているといえる。現会長兼社長・CEOの御手洗氏が1995年に就任以来，キヤノンの財務体質は急速に改善した。不採算部門の閉鎖，生産方式の改善や在庫の圧縮でキャッシュフローを改善させて，99/12期には負債よりも現金の方が多くなった。

1933年11月	・東京麻布六本木に高級小型カメラの研究を目的とする精機光学研究所として発足。
1937年8月	・東京目黒に精機光学工業株式会社として資本金100万円で創立。カメラ製造販売開始。
1947年9月	・キヤノンカメラ株式会社と商号変更。
1949年5月	・東京証券取引所に上場。
1951年11月	・東京都大田区下丸子に本社・工場を集結。
1952年12月	・(株) 目黒精機製作所 (現キヤノンプレシジョン (株)) を設立。
1954年5月	・(株) 秩父英工舎 (現キヤノン電子 (株)) を設立。
1955年10月	・ニューヨーク支店開設。
1957年9月	・スイスに欧州総代理店としてCanon Europe S.A.開設。
1961年8月	・三栄産業 (株) (現キヤノン化成 (株)) に出資。
1964年10月	・電子式卓上計算機を発売,本格的に事務機分野に進出。
1966年4月	・米国にCanon U.S.A.,Inc.を設立。
1968年2月	・キヤノン事務機販売 (株) を設立。
4月	・NPシステムを開発,普通紙複写機 (PPC) 分野に進出。
1969年3月	・キヤノン株式会社と商号変更。
1970年3月	・半導体製造装置を発表。
6月	・台湾佳能股份有限公司を設立。
1971年11月	・キヤノンカメラ販売 (株),キヤノン事務機サービス (株) をキヤノン事務機販売(株)へ合併,キヤノン販売(株)(現キヤノンマーケティングジャパン(株))と商号変更。
1972年7月	・Physotec GmbH (現Canon Giessen GmbH) に出資。
8月	・第一精機工業 (株) (現キヤノンファインテックニスカ (株)) に出資。
1975年5月	・レーザープリンターの開発に成功。
1978年8月	・オーストラリアにCanon Australia Pty. Ltd.を設立。
1979年10月	・シンガポールにCanon Singapore Pte. Ltd.を設立。
12月	・コピア (株) (現キヤノンファインテックニスカ (株)) に出資。
1980年5月	・キヤノン販売 (株) (現キヤノンマーケティングジャパン (株)) とコピア (株) の共同出資によりコピア販売 (株) (現キヤノンシステムアンドサポート (株)) を設立。
1981年10月	・バブルジェット記録方式の開発に成功。
1982年1月	・オランダにCanon Europa N.V.を設立。
2月	・大分キヤノン (株) を設立。

(point) **カメラ技術を基礎に事業の多角化を推進**

　1942年に御手洗毅氏(現社長の御手洗冨士夫氏の叔父)が初代社長に就任。60年代に初の中級機種カメラ・キヤノネットが大ヒット。光学・精密機械技術に電気・物理・科学の技術を加えて事業多角化を推進。その後,事業部制導入と,世界初のマイコン搭載一眼レフカメラAE-1の爆発的なヒットなどにより,76年以降は増益が続いた。

1983年8月	・フランスにCanon Bretagne S.A.（現Canon Bretagne S.A.S.）を設立。
1984年1月	・キヤノン・コンポーネンツ（株）を設立。
1985年7月	・キヤノン販売（株）（現キヤノンマーケティングジャパン（株））が日本タイプ ライター（株）（現キヤノンセミコンダクターエクィップメント（株））に出資。
11月	・米国にCanon Virginia, Inc.を設立。
1988年9月	・長浜キヤノン（株）を設立。
12月	・マレーシアにCanon Opto（Malaysia）Sdn.Bhd.を設立。
1989年9月	・中華人民共和国に佳能大連事務機有限公司を設立。
1990年8月	・タイにCanon Hi-Tech（Thailand）Ltd.を設立。
1997年3月	・中華人民共和国にCanon（China）Co.,Ltd.を設立。
1998年1月	・大分キヤノンマテリアル（株）を設立。
2000年9月	・ニューヨーク証券取引所に上場。
11月	・キヤノン化成（株）を完全子会社化。
2001年1月	・イギリスにCanon Europe Ltd.を設立。
4月	・ベトナムにCanon Vietnam Co., Ltd.を設立。
9月	・中華人民共和国に佳能（蘇州）有限公司を設立。
2002年4月	・上野キヤノンマテリアル（株）をキヤノン（株）より分社化。
2003年4月	・福島キヤノン（株）をキヤノン（株）より分社化。
2005年9月	・アネルバ（株）（現キヤノンアネルバ（株））の株式を取得。
10月	・NECマシナリー（株）（現キヤノンマシナリー（株））の株式を取得。
2006年7月	・普通株式1株につき1.5株の割合で株式分割を実施。
2007年6月	・キヤノンマーケティングジャパン（株）が（株）アルゴ21（現キヤノンITソリュー ションズ（株））の株式を取得。
12月	・トッキ（株）（現キヤノントッキ（株））の株式を取得。
2008年7月	・長崎キヤノン（株）を設立。
2009年7月	・欧州の本社機能をCanon Europe Ltd.に集約。
2010年2月	・OPTOPOL Technology S.A.（現Canon Ophthalmic Technologies Sp. z o.o.） の株式を取得。
3月	・Océ N.V.（現Canon Production Printing Holding B.V.）の株式を取得。
2014年4月	・Molecular Imprints, Inc.（現Canon Nanotechnologies, Inc.）の株式を取得。
7月	・Canon Europa N.V.がMilestone Group A/Sの株式を取得。
2015年4月	・Axis ABの株式を取得。
2016年12月	・東芝メディカルシステムズ（株）（現キヤノンメディカルシステムズ（株））の 株式を取得。

(point) **プリンターや複写機は多角化路線の成果**

　1970年後半から80年代には，多角化路線が開花。半導体レーザー内蔵のレーザープリンターやメンテナンスフリーとなる一体型カートリッジ方式複写機，バブルジェット方式インクジェットプリンターなど世界初となる製品を次々と投入。その反動で90年代には負債が増加。長期的視野での財務体質強化が進められた。

2017年3月	・東芝医用ファイナンス（株）（現キヤノンメディカルファイナンス（株））の株式を取得。
6月	・宮崎ダイシンキヤノン（株）（現宮崎キヤノン（株））の株式を取得。
2021年9月	・Redlen Technologies Inc.の株式を取得。

3 事業の内容

　当社は米国において一般に公正妥当と認められる企業会計の基準（以下「米国会計基準」という。）によって連結財務諸表を作成しており，関係会社についても当該会計基準の定義に基づいて開示しております。第2「事業の状況」及び第3「設備の状況」においても同様であります。また，セグメント情報につきましては，米国財務会計基準審議会会計基準書（以下「基準書」という。）280「セグメント報告」に基づき作成しております。

　当社グループ（2022年12月31日現在，当社及びその連結子会社330社，持分法適用関連会社10社で構成）は，プリンティング，イメージング，メディカル，インダストリアル，その他及び全社の分野において，開発，生産から販売，サービスにわたる事業活動を営んでおります。

　なお，当社は，第122期より，プリンティングビジネスユニット，イメージングビジネスユニット，メディカルビジネスユニット，インダストリアルビジネスユニットの4つの報告セグメントと，その他及び全社に変更しております。詳細につきましては，「第5 経理の状況 1 連結財務諸表等（1）連結財務諸表 注記事項 注23 セグメント情報」をご参照ください。

　開発については主として当社において，生産については当社及び事業内容別に編成された国内外の生産関係会社により行っております。また，一部の生産関係会社は各事業セグメントに部品を供給しております。

　販売及びサービス活動は，主として国内においてはキヤノンマーケティングジャパン（株）によって，また海外においてはCanon U.S.A.,Inc.（米国），Canon Europe Ltd.（英国），Canon Europa N.V.（オランダ），Canon（UK）Ltd.（英国），Canon France S.A.S.（フランス），Canon Deutschland GmbH（ドイツ），Canon（China）Co.,Ltd.（中国），Canon Singapore Pte.Ltd.（シンガポール）等，地域ごとに設立された販売関係会社により行っております。メディカルビジネス

(point) **事業の内容**

　会社の事業がどのようにセグメント分けされているか，そして各セグメントではどのようなビジネスを行っているかなどの説明がある。また最後に事業の系統図が載せてあり，本社，取引先，国内外子会社の製品・サービスや部品の流れが分かる。ただセグメントが多いコングロマリットをすぐに理解するのは簡単ではない。

ユニットの製品において，キヤノンメディカルシステムズ（株）は直販もしくは地域ごとに設立された販売関係会社及び代理店により販売活動を行っております。

　また，キヤノン電子（株），キヤノンファインテックニスカ（株），キヤノン・コンポーネンツ（株）等の生産子会社は，当社に対して部品及び製品の供給を行っているほか，国内外において独自に販売活動を行っております。

　セグメントごとの製品及び生産を担当する主な会社は以下のとおりであります。

セグメントの名称	主要製品	主な生産会社
プリンティング	オフィス向け複合機、ドキュメントソリューション、レーザー複合機、レーザープリンター、インクジェットプリンター、イメージスキャナー、電卓、デジタル連帳プリンター、デジタルカットシートプリンター、大判プリンター	当社 キヤノン電子（株） キヤノンファインテックニスカ（株） キヤノン化成（株） キヤノンプレシジョン（株） 長浜キヤノン（株） 大分キヤノンマテリアル（株） 福島キヤノン（株） キヤノン・コンポーネンツ（株） Canon Virginia, Inc.（米国） Canon Production Printing Netherlands B.V.（オランダ） 佳能大連事務機有限公司（中国） 佳能（中山）事務機有限公司（中国） 佳能（蘇州）有限公司（中国） Canon Vietnam Co.,Ltd.（ベトナム） Canon Prachinburi (Thailand) Ltd.（タイ） Canon Business Machines (Philippines), Inc.（フィリピン） Canon Hi-Tech (Thailand) Ltd.（タイ）
イメージング	レンズ交換式デジタルカメラ、交換レンズ、コンパクトデジタルカメラ、コンパクトフォトプリンター、MRシステム、ネットワークカメラ、ビデオ管理ソフトウェア、映像解析ソフトウェア、デジタルビデオカメラ、デジタルシネマカメラ、放送機器、プロジェクター	当社 大分キヤノン（株） 長崎キヤノン（株） 宮崎キヤノン（株） 台湾佳能股份有限公司（台湾） Canon Opto (Malaysia) Sdn. Bhd.（マレーシア） Axis Communications AB（スウェーデン）
メディカル	CT装置、超音波診断装置、X線診断装置、MRI装置、検体検査装置、デジタルラジオグラフィ、眼科機器	キヤノンメディカルシステムズ(株) キヤノン電子管デバイス(株) Quality Electrodynamics, LLC(米国)
インダストリアル	半導体露光装置、FPD露光装置、有機ELディスプレイ製造装置、真空薄膜形成装置、ダイボンダー	当社 キヤノンマシナリー（株） キヤノンアネルバ（株） キヤノントッキ（株） キヤノンセミコンダクターエクィップメント（株） Canon Machinery (Malaysia) Sdn. Bhd.（マレーシア）
その他及び全社	ハンディターミナル、ドキュメントスキャナー	当社 キヤノン電子（株） キヤノン・コンポーネンツ（株） キヤノンプレシジョン（株）

事業の系統図は次のとおりであります。

2022年12月31日現在

名称	住所	資本金又は出資金	主要な事業の内容	議決権の所有割合	関係内容
（連結子会社 国内）		百万円			
キヤノンプレシジョン(株)	青森県弘前市	300	プリンティングビジネスユニット・その他及び全社	100%	当社製品の部品及び消耗品の製造会社であります。土地、建物、機械装置、その他を貸与しております。
キヤノントッキ(株)	新潟県見附市	6,573	インダストリアルビジネスユニット	100%	当社製品の開発・製造・販売会社であります。建物を貸与しております。
福島キヤノン(株)	福島県福島市	80	プリンティングビジネスユニット	100%	当社製品の部品及び消耗品の製造会社であります。土地、建物、機械装置、その他を貸与しております。
※キヤノンメディカルシステムズ(株)	栃木県大田原市	20,700	メディカルビジネスユニット	100%	当社製品の開発・製造・販売会社であります。
キヤノン電子管デバイス(株)	栃木県大田原市	480	同上	100%	当社製品の開発・製造・販売会社であります。
キヤノン・コンポーネンツ(株)	埼玉県児玉郡上里町	80	プリンティングビジネスユニット・メディカルビジネスユニット・その他及び全社	100%	当社製品の部品及び消耗品の製造会社であります。土地、建物、機械装置、その他を貸与しております。
キヤノンセミコンダクターエクイップメント(株)	茨城県稲敷郡阿見町	70	インダストリアルビジネスユニット・その他及び全社	100%	当社製品の開発・製造・販売会社であります。
キヤノン化成(株)	茨城県つくば市	5,735	プリンティングビジネスユニット	100%	当社製品の部品及び消耗品の製造会社であります。建物、機械装置、その他を貸与しております。
＊キヤノン電子(株)	埼玉県秩父市	4,969	プリンティングビジネスユニット・その他及び全社	55.2%	当社製品及び部品の製造会社であります。
キヤノンファインテックニスカ(株)	埼玉県三郷市	3,451	プリンティングビジネスユニット	100%	当社製品及び部品の製造会社であります。
キヤノンアネルバ(株)	神奈川県川崎市麻生区	1,800	インダストリアルビジネスユニット	100%	当社製品の開発・製造・販売会社であります。土地、建物、機械装置、その他を貸与しております。
長浜キヤノン(株)	滋賀県長浜市	80	プリンティングビジネスユニット・インダストリアルビジネスユニット	100%	当社製品及び消耗品の製造会社であります。建物、機械装置、その他を貸与しております。

point 関係会社の状況

主に子会社のリストであり、事業内容や親会社との関係についての説明がされている。特に製造業の場合などは子会社の数が多く、すべてを把握することは難しいが、重要な役割を担っている子会社も多くある。有報の他の項目では一度も触れられていない場合が多いので、気になる会社については個別に調べておくことが望ましい。

名称	住所	資本金又は出資金	主要な事業の内容	議決権の所有割合	関係内容
（連結子会社　国内）		百万円			
キヤノンマシナリー(株)	滋賀県草津市	2,781	インダストリアルビジネスユニット	100%	当社製品の開発・製造・販売会社であります。
大分キヤノンマテリアル(株)	大分県杵築市	80	プリンティングビジネスユニット	100%	当社製品の部品及び消耗品の製造会社であります。土地、建物、機械装置、その他を貸与しております。
※大分キヤノン(株)	大分県国東市	80	イメージングビジネスユニット	100%	当社製品の製造会社であります。土地、建物、機械装置、その他を貸与しております。
長崎キヤノン(株)	長崎県東彼杵郡波佐見町	80	同上	100%	当社製品の製造会社であります。土地、建物、機械装置、その他を貸与しております。
宮崎キヤノン(株)	宮崎県児湯郡高鍋町	80	同上	100%	当社製品の製造会社であります。土地、建物、機械装置、その他を貸与しております。
※＊(注) 5 キヤノンマーケティングジャパン(株)	東京都港区	73,303	プリンティングビジネスユニット・イメージングビジネスユニット・インダストリアルビジネスユニット・その他及び全社	58.5%	当社製品の国内開発・製造・販売会社であります。
キヤノンシステムアンドサポート(株)	東京都港区	4,561	プリンティングビジネスユニット	100%(100%)	当社製品の国内販売会社であります。
キヤノンITソリューションズ(株)	東京都港区	3,617	同上	100%(100%)	当社製品にかかわるITサービスを行っております。
キヤノンメディカルファイナンス(株)	東京都中央区	120	メディカルビジネスユニット	100%(35%)	当社製品のリース関連販売会社であります。
（連結子会社　海外）		千			
Canon Virginia, Inc.	Virginia, U.S.A.	US$ 30,000	プリンティングビジネスユニット・イメージングビジネスユニット	100%(99.3%)	当社製品の部品及び消耗品の製造会社であります。
※(注) 5 Canon U.S.A., Inc.	New York, U.S.A.	US$ 204,355	プリンティングビジネスユニット・イメージングビジネスユニット・インダストリアルビジネスユニット・その他及び全社	100%	当社製品の北米地域販売会社であり、当社役員1名がその役員を兼任しております。

名称	住所	資本金又は出資金	主要な事業の内容	議決権の所有割合	関係内容
(連結子会社　海外)		千			
Canon Canada Inc.	Ontario, Canada	C$ 0.1	同上	100% (100%)	Canon U.S.A., Inc. のカナダ地域販売会社であります。
Canon Solutions America, Inc.	New York, U.S.A.	US$ 21,750	プリンティングビジネスユニット	100% (100%)	Canon U.S.A., Inc. の販売会社であります。
Canon Financial Services, Inc.	New Jersey, U.S.A.	US$ 7,310	同上	100% (100%)	Canon U.S.A., Inc. のリース関連販売会社であります。
※ Canon Medical Systems USA, Inc.	California, U.S.A.	US$ 262,250	メディカルビジネスユニット	100% (100%)	キヤノンメディカルシステムズ(株)の米国販売会社であります。
Quality Electrodynamics, LLC	Ohio, U.S.A.	ー	同上	100% (100%)	当社製品の部品の開発・製造会社であります。
Canon Bretagne S.A.S.	Liffre, France	EUR 28,179	プリンティングビジネスユニット	100%	当社製品の部品及び消耗品の製造会社であり、当社役員1名がその役員を兼任しております。
Canon Production Printing Netherlands B.V.	Venlo, The Netherlands	EUR 21,465	同上	100% (100%)	Canon Production Printing Holding B.V. の製造・開発会社であります。
Canon Production Printing Germany GmbH & Co. KG	Poing, Germany	EUR 20,452	同上	100% (100%)	Canon Production Printing Holding B.V. の製造会社であります。
Axis AB	Lund, Sweden	SEK 695	イメージングビジネスユニット	100%	Axis Communications AB等を傘下にもつ持株会社であり、当社役員1名がその役員を兼任しております。
Axis Communications AB	Lund, Sweden	SEK 160	同上	100% (100%)	Axis AB の開発・製造・販売会社であります。
※　(注) 5 Canon Europa N.V.	Amstelveen, The Netherlands	EUR 360,021	プリンティングビジネスユニット・イメージングビジネスユニット・インダストリアルビジネスユニット・その他及び全社	100% (100%)	当社製品のヨーロッパ地域販売会社であり、当社役員3名がその役員を兼任しております。
Canon Europe Ltd.	Uxbridge, U.K.	EUR 1,642	同上	100% (100%)	当社製品のヨーロッパ地域販売会社であります。
Canon Ru LLC	Moscow, Russia	RUB 315,519	同上	100% (100%)	Canon Europa N.V. のロシア地域販売会社であります。
Canon (UK) Ltd.	Uxbridge, U.K.	Stg.£ 6,100	同上	100% (100%)	Canon Europa N.V. の英国、アイルランド地域販売会社であります。

名称	住所	資本金又は出資金	主要な事業の内容	議決権の所有割合	関係内容
（連結子会社　海外）		千			
Canon Deutschland GmbH	Krefeld, F. R. Germany	EUR 8,349	同上	100% (100%)	Canon Europa N.V. のドイツ国内販売会社であります。
Canon (Schweiz) AG	Wallisellen, Switzerland	S.Fr. 20,920	同上	100% (100%)	Canon Europa N.V. のスイス国内販売会社であります。
Canon Nederland N.V.	Den Bosch, The Netherlands	EUR 7,723	同上	100% (100%)	Canon Europa N.V. のオランダ国内販売会社であります。
Canon France S.A.S.	Paris, France	EUR 141,940	同上	100% (100%)	Canon Europa N.V. のフランス国内販売会社であります。
Canon Middle East FZ-LLC	Dubai, United Arab Emirates	US$ 5,000	同上	100% (100%)	Canon Europa N.V. の中近東地域販売会社であります。
Canon Italia S.p.A.	Milano, Italy	EUR 48,244	同上	100% (100%)	Canon Europa N.V. のイタリア国内販売会社であります。
Canon Medical Systems Europe B.V.	Zoetermeer, The Netherlands	EUR 7,718	メディカルビジネスユニット	100% (100%)	キヤノンメディカルシステムズ(株)のヨーロッパ地域販売会社であります。
Milestone Systems A/S	Brondby, Denmark	DKK 693	イメージングビジネスユニット	100%	当社製品の開発・販売会社であります。
Canon Research Centre France S.A.S.	Rennes, France	EUR 6,553	プリンティングビジネスユニット・イメージングビジネスユニット・その他及び全社	100% (60.0%)	当社の開発会社であります。
佳能大連事務機有限公司	中華人民共和国遼寧省	US$ 133,219	プリンティングビジネスユニット	100% (14.4%)	当社製品及び消耗品の製造会社であります。
佳能（蘇州）有限公司	中華人民共和国江蘇省	US$ 67,000	同上	100% (33.5%)	当社製品の製造会社であり、当社役員1名がその役員を兼任しております。
佳能（中山）事務機有限公司	中華人民共和国広東省	US$ 5,800	同上	100%	当社製品の製造会社であります。
台湾佳能股份有限公司	台湾台中市	TW$ 800,000	イメージングビジネスユニット	100%	当社製品の製造会社であります。
Canon Semiconductor Equipment Taiwan, Inc.	台湾新竹市	TW$ 74,000	インダストリアルビジネスユニット	100%	当社製品の販売会社であります。

名称	住所	資本金又は出資金	主要な事業の内容	議決権の所有割合	関係内容
(連結子会社 海外)		千			
※ Canon Vietnam Co.,Ltd.	Hanoi, Vietnam	US$ 94,000	プリンティングビジネスユニット	100%	当社製品の製造会社であります。
Canon Hi-Tech (Thailand) Ltd.	Phra Nakhon Sri Ayutthaya, Thailand	BAHT 1,800,000	同上	100%	当社製品の製造会社であります。
Canon Prachinburi (Thailand) Ltd.	Prachinburi, Thailand	BAHT 2,220,000	同上	100%	当社製品の製造会社であり、当社役員1名がその役員を兼任しております。
Canon Business Machines (Philippines), Inc.	Batangas, Philippines	US$ 76,969	同上	100%	当社製品の製造会社であります。
Canon Opto (Malaysia) Sdn.Bhd.	Selangor, Malaysia	M$ 113,400	イメージングビジネスユニット	100%	当社製品の製造会社であります。
Canon Machinery (Malaysia) Sdn.Bhd.	Selangor, Malaysia	M$ 11,000	インダストリアルビジネスユニット	100% (100%)	キヤノンマシナリー(株)の製造会社であります。
Canon (China) Co.,Ltd.	中華人民共和国北京市	US$ 56,050	プリンティングビジネスユニット・イメージングビジネスユニット・その他及び全社	100%	当社製品の中国地域販売会社であります。
Canon Hongkong Co., Ltd.	Kowloon, Hong Kong	US$ 720	プリンティングビジネスユニット・イメージングビジネスユニット・インダストリアルビジネスユニット・その他及び全社	100% (100%)	Canon Singapore Pte. Ltd.の香港地域販売会社であります。
※ Canon Singapore Pte.Ltd.	Singapore	S$ 7,000	同上	100%	当社製品の東南アジア地域販売会社であります。
Canon India Pvt.Ltd.	New Delhi, India	US$ 58,049	同上	100% (100%)	Canon Singapore Pte. Ltd.のインド国内販売会社であります。
Canon Australia Pty. Ltd.	Macquarie Park, Australia	A$ 40,000	同上	100%	当社製品のオセアニア地域販売会社であります。
連結子会社 その他 268社	―	―	―	―	―

名称	住所	資本金又は出資金	主要な事業の内容	議決権の所有割合	関係内容
(持分法適用関連会社) Canon Korea Inc.	Seoul,Korea	千 Won 8,925,000	プリンティングビジネスユニット・イメージングビジネスユニット	50.0%	当社製品の製造・販売会社であり、当社役員1名がその役員を兼任しております。
持分法適用関連会社 その他 9社	－	－	－	－	－

(注) 1 主要な事業の内容欄には、セグメントの名称を記載しております。
    2 会社の名称欄※印は特定子会社であります。
    3 議決権の所有割合欄（ ）内は、間接所有であります。
    4 会社の名称欄＊印は、有価証券届出書又は有価証券報告書の提出会社であります。
    5 キヤノンマーケティングジャパン（株）、Canon U.S.A., Inc.及びCanon Europa N.V.は、連結売上高に占める売上高（連結会社相互間の売上高を除く）の割合が10％を超えております。主要な損益情報等は以下のとおりであります。なお、キヤノンマーケティングジャパン（株）は有価証券報告書の提出会社でありますので、主要な損益情報等の記載は省略しております。

	主要な損益情報等（百万円）				
	売上高	税引前当期純利益	当期純利益	株主資本	総資産額
Canon U.S.A., Inc.	771,084	75,235	53,996	451,708	813,916
Canon Europa N.V.	657,330	25,479	22,338	441,637	697,739

5 従業員の状況

(1) 連結会社の状況

セグメントの名称	従業員数（人）
プリンティングビジネスユニット	118,971
イメージングビジネスユニット	24,917
メディカルビジネスユニット	12,801
インダストリアルビジネスユニット	8,005
その他及び全社	16,081
合計	180,775

(注) 従業員数は就業人員数であり、パートタイマー、期間社員等を含んでおります。

(2) 提出会社の状況 ··

従業員数（人）	平均年齢（歳）	平均勤続年数（年）	平均年間給与（円）
24,717	43.8	18.8	8,077,999

セグメントの名称	従業員数（人）
プリンティングビジネスユニット	9,896
イメージングビジネスユニット	4,498
メディカルビジネスユニット	377
インダストリアルビジネスユニット	2,583
その他及び全社	7,363
合計	24,717

（注）1 従業員数は就業人員数であり，パートタイマー，期間社員等を含んでおります。

2 平均年間給与は，賞与及び基準外賃金を含んでおります。

(3) 労働組合の状況 ··

当社グループでは主に会社別に労働組合が組織されております。

当社及びその販売子会社であるキヤノンマーケティングジャパン（株）にはキヤノン労働組合があり，

労協N.E.T及び全日本光学工業労働組合協議会に加入しております。現在まで労使関係は良好であります。

また，その他の会社における労働組合に関しましても，現在まで労使関係は良好であります。

---

point 実力主義と家族主義

従業員数19万人超のキヤノンは「実力主義」と「家族主義」を掲げている。「家族主義」は必ずしも終身雇用という意味ではない。ただ御手洗氏が社長に就任した1995年以降は大規模なリストラを実施したことはなく，雇用責任を果たしてきた。しかし，今後カメラ事業の需要が大幅に回復しなければ，人員調整の可能性はある。

事業の状況

1 経営方針，経営環境及び対処すべき課題等

（1）　経営理念 ··

　当社グループは，企業理念として，世界中のステークホルダーの皆さまとともに歩む「共生」を掲げています。「共生」とは，文化，習慣，言語，民族などの違いを問わず，すべての人類が末永く共に生き，共に働き，幸せに暮らしていける社会をめざすものです。この「共生」の理念のもと，当社グループは，「共生」の理念に基づき，世界の繁栄と人類の幸福のため，企業の成長と発展を目指し企業活動を進めています。

（2）　マテリアリティ ··

　当社は，時代とともに変化する社会の動きを捉えながら，企業理念の「共生」のもと，人間尊重，技術優先，進取の気性と言った企業DNAと，自社の強固な財務基盤や豊富な人材，高い技術力など，様々なリソースを有効に活用し，また健全なコーポレート・ガバナンスを保ちながら事業を展開してまいりました。

(point) 業績等の概要

　この項目では今期の売上や営業利益などの業績がどうだったのか，収益が伸びたあるいは減少した理由は何か，そして伸ばすためにどんなことを行ったかということがセグメントごとに分かる。現在，会社がどのようなビジネスを行っているのか最も分かりやすい箇所だと言える。

当社のこれまでの取り組みや中長期経営計画に沿った様々な事業活動の中から，当社が取り組むべきと考える重要事項の中で，世界中のステークホルダーの皆さまの関心が特に高い「新たな価値創造，社会課題の解決」ならびに「地球環境の保護・保全」を重要課題（マテリアリティ）として抽出しました。また，さらにこれら2つのマテリアリティに取り組む上で支えとなるテーマを「人と社会への配慮」として集約し，3つ目のマテリアリティとしました。当社では，世界中のステークホルダーの意見を参考に，マテリアリティの妥当性の確認や見直しを行うほか，社会に対する当社の事業活動のインパクトを分析し，企業活動のより一層の充実を図っています。

特定したマテリアリティ		項目
新たな価値創造、社会課題の解決		・人々の健康や病気の予防に貢献する医療技術の開発 ・社会の安心・安全に資するセキュリティ技術の進化 ・写真や映像分野における人々の豊かさや楽しさにつながる製品/技術の開発
地球環境の保護・保全		・省エネルギー化の促進/再生可能エネルギーの活用 ・使用済み製品のリユース・リサイクル ・廃棄物の削減/水域・土壌の汚染防止
人と社会への配慮	人権と労働	・差別やハラスメントの防止、基本的人権の尊重 ・適正な賃金と労働時間の管理
	社会貢献	・事業活動を生かした社会貢献活動 ・次世代の育成支援

（3） 中長期経営計画：グローバル優良企業グループ構想フェーズⅥ

当社は，「共生」の理念のもと，永遠に技術で貢献し続け，世界各地で親しまれ，尊敬される企業を目指し，1996年に5か年計画『グローバル優良企業グループ構想』をスタートしました。

2021年を初年度とする新5か年計画「グローバル優良企業グループ構想 フェーズⅥ」（以下，フェーズⅥ）では，「生産性向上と新事業創出によるポートフォリオの転換を促進する」を基本方針に，テクノロジーとイノベーションによって新たな価値を生み出し，コンシューマーの分野ではより豊かな生活を，オフィスやインダストリーの分野ではより快適なビジネス環境を，そしてソサエティの分野ではより安心・安全な社会づくりをめざします。

(point) **スマホやタブレットに奪われるカメラ需要**

モバイル端末の普及拡大が一眼の需要を減らしている。写真の品質ではまだ一眼が強い。しかし，モバイル用カメラの性能も急速に向上しており，タブレットなどのモニターで写真を見るのであれば十分だといえる。カメラは機能面の進歩が少なく，魅力が乏しくなっており，新機能付新製品を発売してもインパクトは小さくなった。

グローバル優良企業グループ構想
フェーズⅥ（2021 – 2025）

生産性向上と新事業創出によるポートフォリオの転換を促進する

主要戦略

1. 産業別グループの事業競争力の徹底強化

2. 本社機能の徹底強化によるグループ生産性の向上

① 産業別グループの事業競争力の徹底強化

　当社が保有する多岐にわたる技術や資産を最大限活用することを目的として，2021年に技術的に親和性のある複数の事業本部をプリンティング，イメージング，メディカル，インダストリアルの4つのグループに再編成しました。グループ内の各分野で人材・技術の交流と情報・リソースの共有が活発に行われたことにより，製品ラインアップの拡充と重複する機能の排除に依る合理化が進みました。今後は，各グループ内の技術交流を更に促進し，お客様の多様なニーズに応える新規事業の創出につながる将来技術の開発や，更なる生産性と品質の向上を目指して生産技術の強化に注力します。

　各グループにおける，フェーズⅥの主な戦略・施策は以下の通りです。

プリンティンググループ

　新型コロナウイルスの感染拡大により働く場所が分散し，DX（デジタルトランスフォーメーション）が進展したことでペーパーレス化が進みましたが，仕事に関する思考や情報共有において紙は有用な手段であり，プリント機器に対する底堅い需要が見込まれます。

　オフィス，ホームの分野では，サテライトオフィスや自宅など働く場所や働き方の多様化が進み，働く場所で制約を受けないプリンティング環境・サービスへのニーズが高まっています。プリンティンググループでは，お客様の使用される

(point) 購買力が低い新興国ではスマホとカメラが競合

アジアなどの新興国でも購買層にとってスマホ等が購入候補として一眼と競合する関係になってきたことがネガティブ要因。購買力が限られる新興国においては，消費者は一眼かスマホの二者択一で購入する傾向が高いが，日常での使用頻度の高いスマホなどの端末を消費者が選択している影響が想定以上に大きくなってきている。

シーンを問わずに，リモートでも高い生産性，利便性，セキュリティ環境を提供すべく，当社製の複合機，レーザープリンター，インクジェットプリンターとクラウドを連携したオンデマンドプリンティング環境の提供に注力しています。2022年は，DX対応を強化したハードウェアのラインアップの強化を行いました。また，在宅勤務でもオフィス同等の高いセキュリティ環境と管理機能を提供する新クラウド印刷サービスHybrid Workシリーズの第一弾として，オフィス向け複合機や家庭用インクジェットプリンターでの印刷に対応したHybrid Work Print Standardの販売を開始しました。引き続きお客様のニーズに合わせた商品・サービスを拡充し，オフィス，ホームの分野において世界No.1を目指します。

　アナログからデジタルへのシフトが進むカタログ印刷等の商業印刷分野と，ラベル印刷やパッケージ印刷等の産業印刷の分野では，グループの総力を挙げて競争力のある商品ラインアップを揃えるとともに，お客様の省力化や付加価値向上を支援するワークフロー・ソフトの拡充に取り組んでいます。2022年は，商業印刷では当社独自技術によりアナログ印刷に匹敵する高画質と高再現性を実現したハードウェアがお客様に認められ，好調に販売台数を伸ばしました。また産業印刷では，欧州を中心としてラベル印刷や各種フィニッシング処理の機器を開発・製造・販売する英国のフレキソ産業印刷機メーカーであるイーデール社の株式を取得し，完全子会社化しました。これにより当社は，ラベル・パッケージ印刷業界の要望に応える商品とサービス展開を加速し，産業印刷事業の確立を目指します。

イメージンググループ

　スマートフォンの普及により，デジタルカメラ全体の市場は大きく縮小したものの，フルサイズのセンサーを搭載したミラーレスカメラの販売は，コロナ禍にあっても堅調に推移しており，高画質の写真に対する需要は底堅いものがあります。世界屈指の光学技術を有する当社は，こうした需要に応えるカメラ・交換レンズを今後も順次市場に投入し，「高画質」を重視するプロ・ハイアマチュアユーザーを対象の中心に，ミラーレスカメラにおいても世界No.1の地位を確立します。また近年様々な分野で仮想現実映像，立体映像，360度映像の利活用が進んでいることから，自由視点映像システム，2021年に投入したEOS VRシステム，

MREALなどでこれら新たな映像体験市場を取り込み，事業の拡大を図ります。

　放送や映像制作の分野では，IPストリーミングの需要が増大を続けていることから，高画質リモートカメラシステムのラインアップを強化します。

　ネットワークカメラの分野では，世界有数のメーカーであるアクシス社や映像管理ソフト・ベンダーのマイルストーンシステムズ社，映像解析ソフト・ベンダーのブリーフカム社を擁する当社は，グループの総力を挙げて，スマートシティ向けを含むセキュリティ分野におけるプレゼンスを強化します。また同時に，生産現場での検品業務，集配センターでの欠品検知，店舗や展示会場での混雑具合の検知など，従来のセキュリティ目的を超えて，各種業務に対する映像を活用したDXを提供する製品・サービスの展開を図ります。

　自動運転などの変革が著しいモビリティの分野では，長年培ってきた当社の光学技術とネットワーク技術を基軸として車載カメラや交通インフラへの事業参入を図り，運転支援等のモビリティサービスの普及に貢献します。

　以上により，イメージンググループでは，売上高で年率10%以上の成長を目指します。

メディカルグループ

　世界的に進む高齢化や医療費の高騰，新型コロナなどの感染症蔓延リスクなどから医療への需要は従来よりも高まっています。メディカルグループでは，高度化する医療に対応するため，「画像診断」「ヘルスケアIT」「体外診断」の三つの領域に特に注力し，疾病予防，人びとの健康維持，病気からの回復に貢献する製品・サービスの提供に取り組んでいます。

　画像診断事業では，医療従事者と患者の負担の軽減と高品質の画像の提供を目指します。2022年に発売したCTとMRIの新製品では，AIによるディープラーニングを用いて設計した画像再構成技術を標準搭載し，CTの新製品では検査ワークフローの一部を自動化しました。また，国産として初めてフォトンカウンティングCT（以下，PCCT）を開発し，国立研究開発法人国立がん研究センター先端医療開発センターに設置しました。物質をカラーで識別する高い画質性能と被ばくの低減など医療現場にさらなる価値の提供が期待されるPCCTの早期実用化を目指します。

---

point 生産及び販売の状況

　　生産高よりも販売高の金額の方が大きい場合は，作った分よりも売れていることを意味するので，景気が良い，あるいは会社のビジネスがうまくいっていると言えるケースが多い。逆に販売額の方が小さい場合は製品が売れなく，在庫が増えて景気が悪くなっていると言える場合がある。

メディカル事業の拡大に向けて，米国市場でのシェア拡大を最重要課題として取り組みます。キヤノンメディカルシステムズのマーケティング機能の一部とCanon Medical Systems USA, Inc.の販売・サービス機能の一部を新会社であるCanon Healthcare USA, INC.に移管し，アップストリームマーケティングとダウンストリームマーケティングの連携を強化することで，米国事業の拡大を図ります。

インダストリアルグループ

AI，IoT，5Gなど半導体の用途が多様化し，今後も半導体とその製造装置に対する需要は拡大すると見込まれます。インダストリアルグループでは，中長期的に見込まれる半導体露光装置の需要増加に対応するために生産能力を増強するとともに，欧米での旺盛な半導体工場投資に対応するためのグローバルでの販売体制の再整備に取り組みます。2022年には宇都宮光機事業所の隣接地に新工場の建設を開始しました。新工場は，2025年上期に稼働予定となり，2021年比で約2倍の生産能力を確保します。また，半導体露光装置のアフターサービスを強化し，生産性の向上に貢献します。2022年には，半導体露光装置のサポート業務の効率化と高稼働率を実現する機能を搭載したソリューションプラットフォームLithography Plusのサービスを開始しました。従来の露光技術に対してコスト競争力と省エネに優れたナノインプリントリソグラフィ（NIL）技術については，メモリーの回路パターン形成での実用化に向けた最終段階にあり，早期の商品化に注力します。さらに今後は，産業技術総合研究所と進めているロジック分野での活動を始めとして，NILの長所を生かせるその他用途への展開を図ります。

ディスプレイ製造装置については，液晶では生産性向上と高精細化を進め，有機ELでは今後成長が期待される中型パネルやスマートグラス向け製造装置の開発を加速します。

当社とグループ会社のキヤノントッキ，キヤノンアネルバ，キヤノンマシナリーが持つ超精密位置合わせ，超高精度加工，真空システムといったコア技術を融合して新たな装置を開発し，インダストリアルグループの事業領域拡大を目指します。

② **本社機能の徹底強化によるグループ生産性の向上**

　事業の競争力の強化と拡大を図るため，人事制度を改定し，より一層の競争原理を働かせることで管理部門の生産性を向上するとともに，事業貢献を意識した本社R&D体制の整備など，本社機能について徹底して強化を行います。2023年4月からは，特定の技術で高く評価され，当社の技術を牽引することが期待される人材を認定する制度「高度技術者認定制度」の運用の開始を予定しております。また，当社が有するあらゆる技術を活用して，材料やコンポーネントなどの事業化に取り組む横断的な組織を新設し，これまでM&Aによる獲得が中心であった新規事業を社内からも創出することで，収益拡大への貢献を進めていきます。

（4）　**中期経営計画連結業績目標** ···

　当社は，フェーズⅥ期間最終年度である2025年度の連結業績目標として，売上では当社史上最高を記録した2007年を上回る売上高4兆5,000億円以上，利益では営業利益率12％以上，当期純利益率8％以上の達成を目指します。また，事業ポートフォリオの転換を評価する指標として，連結売上高に対する，新規事業※1売上高の比率を設定し，2025年に全体の36％以上まで新規事業を育成することを目標とします。

　今5カ年計画の2年目となる2022年は，ロシアのウクライナ侵攻後のインフレの加速と，それを抑制するために各国が金融引き締めへと転換した結果，世界経済の回復は緩やかなものとなりました。不安定な状況が続くなかで当社は，部品逼迫や物流制約については，設計変更や新規調達先の開拓，代替輸送ルートの活用を行い，高い製品競争力を背景にコストの増加を適切に販売価格に反映しつ

(point) **対処すべき課題**

　　有報のなかで最も重要であり注目すべき項目。今，事業のなかで何かしら問題があればそれに対してどんな対策があるのか，上手くいっている部分をどう伸ばしていくのかなどの重要なヒントを得ることができる。また今後の成長に向けた技術開発の方向性や，新規事業の戦略についての理解を深めることができる。

つ拡販を進めた結果，２期連続となる大幅な増収増益を達成し，売上高は2017年以来となる４兆円を突破しました。2017年と比較すると，新規事業の売上高は１兆円を超える規模に成長し，全社に占める構成比が22％から27％に上昇するなど，事業ポートフォリオの転換の効果が着実に表れています。

　また，当社は，基本方針として「キャッシュ・フロー経営の徹底による健全な財務体質の維持」を掲げています。不測の事態への備えと自由度を保ちながらダイナミックな経営を行うために，当社は株主資本比率を重視し，中期経営計画の重要指標としています。業績の回復により2022年の時点で株主資本比率が61.1％と，今５カ年計画の目標である60％に達したため，2025年の目標を65％以上に引き上げました。

※1　新規事業には，キヤノンプロダクションプリンティング，キヤノントッキ，アクシス，キヤノンメディカルシステムズなど，フェーズⅠ以降に取得した主要な事業会社の事業と，フェーズⅥ期間中の事業化を目指す新規事業を含めています。

	2021年 実績	2022年 実績	2023年 見通し	2025年 目標
売上高	3兆5,134億円	4兆314億円	4兆2,870億円	4兆5,000億円以上
営業利益率	8.0％	8.8％	8.4％	12％以上
当期純利益率	6.1％	6.1％	6.3％	8％以上
株主資本比率	60.5％	61.1％	64％	65％以上

現行事業・新規事業売上比率

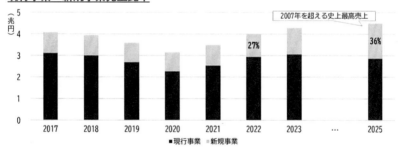

（5）　気候変動とTCFDへの対応 ‥‥‥‥‥‥‥‥‥‥‥‥‥‥‥‥‥
　当社は，気候変動への対応を含む「地球環境の保護・保全」をマテリアリティ

---

point 90年代以降目立った新規事業が登場せず

　確かに収益構造の多角化は進行したが，90年代以降新しい分野の新規事業が育っていない。1936年に国産初のカメラ販売を開始して以降，70年に複写機，79年にレーザープリンター，85年にバブルジェットプリンターと製品市場を開拓し2000年以降はカメラのデジタル化で収益を拡大した。しかし，最近は目立った成果が見当たらない。

の一つとしています。課題解決に向けて，開発，生産，販売といった自らの事業活動だけでなく，サプライヤーにおける原材料や部品の製造，販売店などへの輸送，さらにはお客さまの使用，廃棄・リサイクルに至るまで，製品ライフサイクルの各ステージにおける環境への影響を捉え，削減に取り組んでいます。

2050年にCO_2排出量をネットゼロとすることを目指し，製品の小型・軽量化，物流の効率化，生産拠点での省エネルギー活動，製品使用時の省エネルギー，製品リサイクルなど，様々な取り組みを推進しています。「キヤノングループ中期環境目標」である「ライフサイクルCO_2製品1台当たりの改善指数 年平均3%改善」を確実に達成することで，CO_2排出量の着実な削減を図っていきます。

また，当社は，金融安定理事会が設置した「気候関連財務情報開示タスクフォース（TCFD）」の提言に賛同しており，サステナビリティレポートやウェブサイトを通じて，推奨される情報を継続的に開示しています。

＜ガバナンス＞

気候変動対応を含む環境目標は，代表取締役会長兼社長 CEO が承認しています。中長期計画については，サステナビリティ推進本部が策定の上，取締役を含めた役員間の協議を経た上でCEOの承認を得ています。目標達成に向けサステナビリティ推進本部が中心となってグループ全体で活動を実行しています。目標の進捗について毎月経営層に報告するとともに，年間のレビューをCEOに報告しています。

また，当社では取締役会決議に基づき，リスクマネジメント委員会を設置し，環境法規制や自然災害に関する重大なリスクは，リスクマネジメント委員会において審議を行っています。

＜戦略＞

専門機関や政府機関からの情報をもとに，気候変動に関する政府間パネル（IPCC）の気候変動シナリオなどを活用した製品ライフサイクルCO_2削減に対する数値シミュレーションを実施し，事業上のリスクや機会を特定するとともに中長期戦略を策定しています。※特定したリスク・機会の概要は，下表を参照

また，リスクを縮小し，機会を拡大するため，製品ライフサイクル全体を視野にCO_2削減を図る「緩和」と物理リスクへの「適応」の両面からのアプローチが重

要と認識し，対応計画を策定・実行しています。

　さらに，資源循環への取り組みを通じたCO₂削減も実行しています。例えば，複合機のリマニュファクチュアリングにより，新規の原材料調達や部品加工に伴い発生するCO_2削減が可能であるほか，インク・カートリッジのクローズドループリサイクルにより，回収したカートリッジからプラスチックをペレット化し，再度原材料として使用することで，新規の原材料調達や輸送等にかかるCO_2を削減することが可能となります。

気候変動領域における主なリスク・機会

リスク機会	種類	リスク・機会の概要	財務影響	対処
リスク	移行リスク	省エネルギー規制の強化と対応コストの増加（製品・拠点）	大	・製品ライフサイクル全体での負荷削減を指標とした環境総合目標の達成 ・環境規制動向に関する情報収集/分析/適合
		経済的手法を用いた排出抑制（炭素税など）による事業コストの増加	中	・拠点エネルギー目標の達成 ・開発/生産/設備/環境部門が連携し、各事業所の省エネ活動を推進
	物理リスク	台風や洪水被害の甚大化など異常気象の深刻化による操業影響	中	・BCPの策定、高リスク事業拠点の高台移転
	評判リスク	情報開示の不足による外部評価の低下	小	・気候変動対応への考え方、取り組み状況の開示
機会	製品・サービス	省エネルギー製品をはじめライフサイクル全体でのCO₂排出量が小さい製品に対する販売機会の拡大	大	・製品ライフサイクル全体での負荷削減を指標とした環境総合目標の達成 ・省エネ性能と使いやすさを両立させた製品の開発/製造/販売
		ハードとソフトの両面から革新を支えるさまざまな製品・ソリューションの販売を通じた社会全体のCO₂削減への貢献	大	・製品ライフサイクル全体での負荷削減を指標とした環境総合目標の達成
	資源の効率	生産や輸送の高効率化によるエネルギーコストの削減	中	・拠点エネルギー目標の達成 ・高効率設備や輸送手段への切り替え/新規導入
	エネルギー源	再生可能エネルギーの低コスト化による活用機会の拡大	中	・再生可能エネルギーへの切り替え
	その他	気候関連情報の開示促進による企業イメージの向上	小	・気候変動対応への考え方、取り組み状況の開示

＜リスク管理＞

　特定した気候変動リスク・機会は，ISO14001のPDCAサイクルに沿って管理しています。

　当社は，環境保証活動の継続的な改善を実現する仕組みとして，全世界の事業所においてISO14001によるグループ共通の環境マネジメントシステムを構築し

ています。

　具体的には，環境マネジメントシステムは，各部門の活動と連携した環境保証活動を推進（DO）するために，中期ならびに毎年の「環境目標」を決定（PLAN）し，その実現に向けた重点施策や実施計画を策定して事業活動に反映させています。さらに，各部門における取り組み状況や課題を確認する「環境監査」や，業績評価に環境側面を取り込んだ「環境業績評価」を実施（CHECK）することで，環境保証活動の継続的な改善・強化（ACT）へつなげています。

　これらリスク・機会への対応は，全社環境目標や重点施策に反映されるとともに，当社では，環境への対応を経営評価の一部として取り入れており，各部門の環境目標の達成状況や環境活動の実績は，グループ全体の経営状況の実績を評価する「連結業績評価制度」の一指標として実施される「環境業績評価」の中で年2回，評価・評点化しています。評価結果はCEOをはじめとする経営層に報告されています。

＜指標と目標＞

　製品ライフサイクル全体をスコープに，省エネ，省資源，リサイクルなどあらゆる環境活動の成果を一つの指標で統合的に捉え，管理していくため，「ライフサイクルCO_2 製品1台当たりの改善指数 年平均3%改善」を「キヤノングループ中期環境目標」に設定しています。

　この目標を継続的に達成することで，2030年には2008年比で50%の改善になると考えています。2022年時点では目標を上回る2008年比43%の改善となりました。また，ライフサイクルCO_2排出量は8,342千t-CO_2（スコープ1+2+3合計）でした。これらのGHG（Greenhouse Gas）排出量データは，毎年第三者保証を取得しており，2022年も取得済みです。

　当社は，社会と連携しながら，製品ライフサイクル全体での取り組みを通じて，2050年にCO_2排出量をネットゼロとすることを目指しています。

「ライフサイクルCO₂製品1台当たりの改善指数」推移

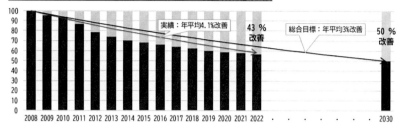

※1 2008年を100とした場合

ライフサイクルCO₂排出量の推移

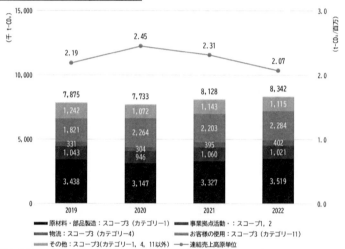

※1 温室効果ガス（エネルギー系温室効果ガスであるCO₂と非エネルギー系温室効果ガスであるPFCs，HFCs，SF6，N2O，メタン，NF3）を集計対象としています。

※2 原材料および加工に関わるCO₂換算係数は，2020年実績からエコリーフ環境ラベルプログラムの換算係数を使用しています（2019年実績までは，カーボンフットプリントコミュニケーションプログラムの換算係数を使用）。

※3 2021年以降のデータについてはキヤノングループの連結対象会社を集計の範囲とし，それ以前は主にISO14001統合認証の取得会社を集計の範囲としています。

(point) Managed Print Service

事務機業界では2000年代後半からMPSがキーワードになった。元はHPの用語で、キヤノンとリコーはMDS，ゼロックスは「グローバルサービス」と称している。これはプリンターなどの出力機器の管理を請け負い、出力コストの削減やセキュリティー向上を提案することで、プリントフィー以外の収入の拡大を目指すものだ。

(6) 人的資本 ‥‥‥‥‥‥‥‥‥‥‥‥‥‥‥‥‥‥‥‥‥‥‥‥‥‥‥‥‥‥‥

人材育成の考え方

　当社は，人材の成長こそ事業の強化を支える原動力と考え，積極的な人材育成を行っています。特に，当社は事業ポートフォリオの転換とこれに続く事業強化に向けて，イノベーションを創出する人材の獲得・育成を推進しています。

<戦略>

1. 技術人材の育成

　　当社は，イノベーションを創出し続けるために，技術人材の獲得・育成を推進しています。具体的には，機械・電気・光学・材料・ソフトウエアなど専門分野ごとの教育体系を整備し，長期的な視野に立って次世代を担う技術人材を育成しています。これら5つの専門分野では，各々「技術人材育成委員会」を設置し，新入社員から技術リーダーに至るまで，階層に応じた育成に取り組んでいます。

　　また，2018年には研修施設「CIST（Canon Institute of Software Technology）」を設立し，これからの当社の事業戦略に必要なデジタル分野の知識を体系的に身につけることができる体制を構築しています。

2. 適材適所の推進

　　当社は，戦略的な要員配置と従業員への積極的なキャリア形成支援を行うことで適材適所を実現し，一人ひとりが活躍できる組織体制をめざしています。

　　採用活動においては，専門知識や本人の志向をもとに，配属先を入社前に確約するジョブマッチング型の採用を拡大し，各事業が求める人材を最適な部署へ配置しています。入社後3年が経過した従業員に対しては，人事部門が仕事や職場との適応状況を確認する面談を行い，配属後も従業員一人ひとりが安心して能力を発揮できる環境を整えています。

　　また，社員の主体的なキャリア形成をサポートする仕組みとして「キャリアマッチング制度」（一般的な社内公募制度）を設けております。さらに，研修と社内公募を組み合わせた「研修型キャリアマッチング制度」を導入するなど，幅広い人材のリスキリング（職業能力の再開発・再教育）と社内転職を推進しています。

(point) **操作やSNSとの連携が難しい一眼レフの魅力が低下**

　スマホの普及でSNSでの共有など画像の楽しみ方が急速に変化し，先進国でカメラの買い替え需要が低下している。従来の一眼レフはブランド消費の対象だったが，操作が難しく覚えるのに時間がかかるため，ブランド消費の対象ではなくなってきているとの見方がある。それが正しければ，市場は今後縮小傾向が続く可能性もある。

<＜指標及び目標＞

1. ソフトウエア研修の受講者

　　ソフトウエア技術者の育成に向けて，2018年には研修施設CISTを設立する
など，AIやIoTに関するDX教育に注力しています。CISTでは，受講者のレベ
ルに応じて基礎からトップクラスまでの研修を整備しており，2022年には年
間のべ約6,000人がCISTでのソフトウエアに関する研修を受講しました。

2. キャリアマッチング制度による異動者数

　　研修型キャリアマッチング制度では，3ヵ月から6ヵ月の研修により，実務
に必要な知識を習得した上で新しい部署への異動を行います。専門知識を身に
着ける学び直しの機会を提供し，未経験の仕事にもチャレンジできる仕組みを
構築しております。

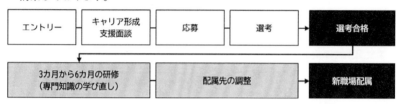

　　2022年には312人が研修型を含むキャリアマッチング制度で異動しています。

多様性確保の考え方

　　当社は1988年に制定した共生の理念のもと，文化・習慣・言語・民族などの
多様性を尊重するとともに，性別や年齢，障がいの有無などにかかわらず，公平
な人材の登用や活用を積極的に推進しています。

＜戦略＞

　　当社では，ダイバーシティ推進のための全社横断組織「VIVID（Vital workforce
and Value Innovation through Diversity）」で全社的な活動を推進しています。

VIVID活動方針

　・ダイバーシティを重要な経営課題の一つとして位置付け，全社の推進役とし
　　て新しい制度の導入や，既存の仕組みの置き換えにとどまることなく，社員
　　の考え方や意識そのものを変える。

　・向上意欲が高く，能力の高い人材が，活躍の機会を限定されたり，妨げられ

たりすることのないように，人事施策や職場環境を見直す。
・ロールモデルの輩出やモデル職場の拡大を促すために，ダイバーシティ推進
　の活動を社内外に広く伝え，浸透させる。

＜指標及び目標＞

女性管理職比率の向上

　2012年より女性管理職候補者の育成を目的とした「女性リーダー研修」を実施
しており，累計244人が同研修を受講しています。また，育児休業から復職した
社員とその上司を対象とした復職セミナー，女性管理職によるメンタリングの実
施などにも取り組んでおり，女性管理職の人数は2011年の58人から2022年に
は147人に増加しております。

　当社は，2020年に女性活躍推進法に基づく行動計画として，「2025年末まで
に女性管理職比率をVIVID発足以前の2011年の3倍以上とする」ことを目標と
定めました。

　女性管理職比率は，第1企業の概況　5従業員の状況をご参照ください。

(7)　サイバーセキュリティ ···
＜ガバナンス／リスク管理＞

　当社は，情報セキュリティ担当執行役員である情報通信システム本部長を情報
セキュリティの意思決定責任者と位置づけ，当社の情報通信システム本部が実務
組織として，グループ全体の情報セキュリティマネジメントにおける責任を担っ
ています。万が一，情報セキュリティに関する事件・事故が発生した場合は，情
報通信システム本部に報告され，状況に応じリスクマネジメント委員会※1に報
告する体制となっています。同委員会では，当社が事業遂行に際して直面し得る
重大なリスクの特定（法令・企業倫理違反，財務報告の誤り，環境問題，品質問
題，情報漏洩など）を含むリスクマネジメント活動の推進に関する諸施策を立案
します。また，リスクマネジメント活動の年間活動方針を立案し，取締役会の承
認を得て，当社各部門および各グループ会社にリスクマネジメント活動を展開し
ています。そして，各部門・各社によるリスクマネジメント体制の整備・運用状
況を評価し，その評価結果をCEOおよび取締役会に報告しています。

＜戦略＞

1.　情報システムセキュリティ対策

　　当社は，情報セキュリティの三要素といわれる「機密性」「完全性」「可用性」※2を保持するための施策に取り組んでいます。内部からの情報漏洩対策として，最重要情報はセキュリティを強化した専用のシステムに保管し，アクセス制限や利用状況の記録を徹底しています。また，社外から自社の情報資産に安全にアクセスできる環境を構築した上で，メールのファイル添付送信やPC・記録メディアの社外持ち出しを管理しています。また，外部からのサイバー攻撃対策として，マルウェア※3などが添付された不審メールの遮断，社内ネットワークへの不正侵入監視，インターネットへの不正通信の監視を実施し，攻撃被害の拡大防止に努めています。さらに，サイバー攻撃を想定した対応訓練（NISC※4/NCA※5連携 分野横断的演習）に2017年より毎年参加し，障害対応体制の強化を図っています。

※2　機密性：許可された者だけが情報にアクセスできるようにすること
　　完全性：情報や処理方法が正確で，改ざんされないよう保護すること
　　可用性：許可された者が必要とする時に情報にアクセスできるようにすること
※3　不正かつ有害な動作を行う意図で作成された悪意のあるソフトウエア。コンピューターウイルス，ランサムウェアなど
※4　National center of Incident readiness and Strategy for Cybersecurity（内閣サイバーセキュリティセンター）の略
※5　Nippon CSIRT Association（日本シーサート協議会）の略

2.　生産設備のセキュリティ対策

　　当社は，マルウェアやサイバー攻撃によって工場の生産設備に稼働障害が発生し，生産活動に問題が生じることがないよう，生産設備のセキュリティ対策に取り組んでいます。従来，サイバー攻撃の対象は企業の業務システムやWebシステムなどの情報システムが主体でしたが，生産設備においても汎用OSの利用やIoT化が進み，情報システムと同等の情報セキュリティリスクが生じています。生産設備の運用期間は汎用OSのサポート期間よりも長期にわたり，情報システムとは別のセキュリティ対策が必要となるため，当社は，ウイルス感染などによる操業停止に陥らないよう，生産設備系ネットワークの不正通信監視を行っています。また，生産設備についてもセキュリティ監査を実施し，

安全な生産環境の維持を図っています。

3. 従業員の意識の向上をめざす情報セキュリティ教育

　　当社は，情報セキュリティの維持・向上のため，情報システムの利用者である従業員の意識向上にも注力しています。定期入社者，中途入社者ともに集合教育を通じて当社の情報セキュリティに関する施策やルールの徹底を図っています。また，毎年，全従業員を対象として，eラーニングによる情報セキュリティ研修を実施しています。2022年は当社の従業員全員の約2万5000人が受講しました。研修内容は，主なサイバー攻撃の事例を交えて，攻撃の変化やそのリスクについて学習し，また，在宅勤務時における注意点など，従業員の情報セキュリティリテラシー※6を向上させるものとなっています。また，当社ののべ6万2000人の従業員に対し，不審メールを受け取った際に適切に対処し被害を拡大させないための実践教育として標的型攻撃メール対応訓練も実施しました。特に，メールでの業務に慣れていない新入社員については，別途訓練を実施し，教育を強化しています。

※6　セキュリティ対策を実行する時に知っておくべき知識やスキル

4. 情報セキュリティマネジメント体制の状況

　　2015年には，情報セキュリティインシデントが発生した際に，対処するための専門チームCSIRT※7（シーサート）を当社情報通信システム本部内に設置しました。同時に，日本シーサート協議会（NCA）に加盟し，他社CSIRT組織との連携強化を図っています。

※7　Computer Security Incident Response Teamの略。コンピューターセキュリティにかかる事件・事故に対処するための組織の総称

2　事業等のリスク

（1）　リスクマネジメント体制

　　当社は，取締役会決議に基づき，キヤノングループのリスクマネジメント体制の整備に関する方針や施策を立案する「リスクマネジメント委員会」を置いております。同委員会は，財務報告の信頼性確保のための体制整備を担当する財務リスク分科会，企業倫理や主要法令の遵守体制の整備を担当するコンプライアンス分科会，品質リスクや情報漏洩リスクその他の主要な事業リスクの管理体制の整備

を担当する事業リスク分科会の三分科会から構成されております。

　法務部門，ロジスティクス部門，品質部門，人事部門，経理部門など，事業活動に伴う各種リスクを所管する当社の本社管理部門は，それぞれ関連する分科会に所属し，その所管分野について，各部門及び子会社のリスクマネジメント活動を統制・支援しております。

　当社各部門及び子会社は，上記体制の下，自律的にリスクマネジメント体制の整備・運用を行い，その活動結果をリスクマネジメント委員会に毎年報告しております。

　リスクマネジメント委員会は，各分科会並びに各部門及び子会社からの報告を受け，リスクマネジメント体制の整備・運用状況を検証し，その結果をCEO及び取締役会に報告する役割を担っております。

リスクマネジメント体制

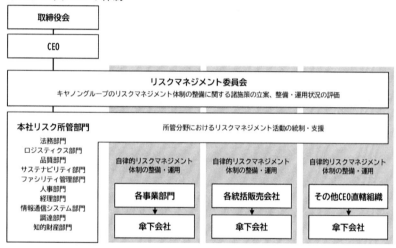

リスクマネジメントプロセス

STEP 1 リスクの洗い出し	STEP 2 重大な リスクの特定	STEP 3 対策の実施	STEP 4 モニタリング・ 改善
リスクマネジメント委員会事務局、本社リスク所管部門及び事業部門でリスクを洗い出し。重大なリスクの候補を特定。	リスクマネジメント委員会事務局で、キヤノングループの重大なリスクとリスクマップの案を作成し、同委員会に付議。特定された重大なリスクはCEOが承認。	重大なリスクに関係する各部門及び子会社が、本社リスク所管部門による統制・支援の下、自律的にリスクマネジメント活動を実施。	本社リスク所管部門・リスクマネジメント委員会及び監査役会が、リスクマネジメント活動の実施状況をモニタリング。必要に応じて改善。

(2) 事業等のリスク

　当社グループ（当社及びその連結子会社。以下，当該項目では「当社」という。）の経営成績及び財政状態に影響を及ぼす可能性のある主なリスクには以下のようなものがあります。当社では，グループ経営上のリスクについて，取締役会が定める「リスクマネジメント基本規程」に基づき設置されるリスクマネジメント委員会において，毎年，当社の経営に重大な影響を及ぼす可能性のあるリスクの特定を行っており，以下のリスクも同委員会で審議のうえ特定されたものです。ただし，以下のリスクは当社に関するすべてのリスクを網羅したものではなく，対応策もこれらのリスクを完全に排除するものではありません。なお，下記の事項は有価証券報告書提出日（2023年3月30日）現在において判断した記載となっております。

リスクマップ

①-5. 販売に関するリスク ②-6. 企業買収・業務提携・ 　　戦略的投資リスク ③-1. 品質リスク ③-2. 新製品移行リスク	①-1. プリント環境の変化リスク ①-2. カメラ・ネットワークカメラ・ 　　映像解析技術の競争リスク ①-3. 医療機器市場の制度変更リスク ①-4. 半導体・FPDの需要変動リスク ②-3. 国際政治経済リスク	②-1. サプライチェーンリスク ②-2. 自然災害・感染症リスク
③-6. 繰延税金資産の回収可能性・ 　　国際的な二重課税リスク ③-7. 退職給付会計リスク	②-7. 環境リスク ③-3. 有価証券リスク ③-4. コンプライアンス・ 　　法的行為リスク ③-5. 知的財産リスク	②-4. 人材の確保リスク ②-5. 情報セキュリティリスク

（縦軸）影響度：大←→小
（横軸）発生可能性：低←→高

(注) リスクマップ上の各リスク番号は，当社で各リスクを「①事業特有の重要性が高いリスク」，「②事業横断的な重要性が高いリスク」，「③一般的なリスク」に分類の上，これらの順に設定しております。

① 事業特有の重要性が高いリスク

①-1. プリント市場における環境の変化に関連するリスク	
影響度：大	発生可能性：中

●リスク

　多機能・高性能なスマートデバイスやアプリケーションの普及によるデジタル化、環境への配慮に伴うペーパーレス化の浸透、リモートワークの普及による働き方の変化などにより、プリント市場全体としては、将来的にプリント機会が減少していく可能性があります。
　このような市場環境の変化に対応した製品やサービス、ソリューションを当社が十分に提供できない場合、当社の経営成績に悪影響を及ぼす可能性があります。

(point) 財政状態，経営成績及びキャッシュ・フローの状況の分析

　「事業等の概要」の内容などをこの項目で詳しく説明している場合があるため，この項目も非常に重要。自社が事業を行っている市場は今後も成長するのか，それは世界のどの地域なのか，今社会の流れはどうなっていて，それに対して売上を伸ばすために何をしているのか，収益を左右する費用はなにか，などとても有益な情報が多い。

☆対応・機会

　当社は、家庭用インクジェットプリンターからオフィス向け複合機、大判プリンターや高速商業印刷までに至る幅広い製品群とクラウドサービスを活かして、市場環境の変化に対しても、お客様がプリントを必要とする様々な場所や機会において最適な選択肢を提供できるよう取り組んでいます。

　オフィスにおけるプリント機会の変化は、柔軟な働き方の広がりにより自宅など別の場所へプリント機会がシフトすることなどに起因していますが、当社はインクジェットプリンターや小型レーザープリンターを活用し、オフィス外でもセキュリティの高い業務印刷と管理機能を提供するサービスを開始し、新しい市場環境への適合を進めています。

　ペーパーレス化の浸透についても、デジタルトランスフォーメーションを促進する高速スキャナーとしての機能も併せ持つオフィス向け複合機を、様々なドキュメントマネジメントサービスと連携させることにより、ソリューションの提供を行っていきます。

　また、アナログ印刷からデジタル印刷への切り替えや多品種少量印刷のニーズの高まりにより中長期的な成長が見込まれる商業印刷・産業印刷の分野においても、当社にとって成長期待の高い領域に向けて新製品やサービスを投入し需要の取り込みを進めていきます。

（注）当社の事業活動については、第2 事業の状況 3 「経営者による財政状態、経営成績及びキャッシュ・フローの状況の分析」の（2）「経営者の視点による経営成績等の状況に関する分析・検討内容」の⑦「トレンド情報」に記載しております。

①-2．カメラ・ネットワークカメラ・映像解析技術のビジネスにおける競争に関連するリスク	
影響度：大	発生可能性：中

●リスク

　カメラ市場は、スマートフォンなどのデジタルデバイスの撮影機能が著しく向上する中、撮影行為そのものに対する消費者の嗜好も変化し多様化しており、価格と性能の競争が激化しながら、縮小しています。競合他社に対して優位性を維持できる新製品の投入及び消費者の嗜好の変化にマッチした製品や映像を楽しむ新たなサービスの提供ができない場合、当社の地位が相対的に低下し、結果として当社の経営成績に悪影響を及ぼす可能性があります。一方、ネットワークカメラ市場は、セキュリティや映像解析ソリューションに対するニーズの高まりにより、市場は拡大傾向にありますが、競争が激化する中で他社に対して優位性の維持できる製品やサービスが提供できない場合、当社の地位が相対的に低下し、結果として当社の経営成績に悪影響を及ぼす可能性があります。

☆対応・機会

　当社はデジタルカメラの性能をさらに進化させ、スマートフォンとの一層の差別化を図り、高品質な映像表現へのニーズの高まりを捉えるため、特にプロやハイアマチュアユーザー向けを中心に製品力の更なる強化を進めております。また、更なる撮影表現の拡大を目指しVR（Virtual Reality：仮想現実）映像撮影システムを新たに立ち上げております。加えて、手軽さや特定シーンでの撮影を求める新たなユーザーを掘り起こしていくために、新ジャンルのカメラの展開を進めております。

　ネットワークカメラは、防犯や防災などのセキュリティ分野の成長はもちろんのこと、店舗での顧客行動の分析や工場での生産工程の効率化、また、医療現場における対面や接触の回避など、多岐にわたる分野で活用が進んでおります。市場の変化をいち早く捉え、対策を講じるべく、キヤノンがこれまで培ってきた光学技術、映像処理・解析技術とネットワーク技術を融合させ、既存事業の競争力をさらに強化するとともに、スマートシティなど新たに活躍する市場を確立し、社会インフラの構築に貢献していきます。

（注）当社の事業活動については、第2 事業の状況 3 「経営者による財政状態、経営成績及びキャッシュ・フローの状況の分析」の（2）「経営者の視点による経営成績等の状況に関する分析・検討内容」の⑦「トレンド情報」に記載しております。

(point) 研究開発費拡大の効果はまだ見えず

　研究開発分野では2005年に元日本TI社長の生駒氏を招聘，現在は同氏をCTOとし，売上高研究開発比率は従来の6-7％水準から8-9％へと拡大した。しかし，新成長分野の創出を模索してきたが，眼に見えるかたちで成果を挙げてきたとは言えないだろう。

①-3. 医療機器市場における認証・承認等の事業環境対応に関連するリスク

影響度：大	発生可能性：中

●リスク

　画像診断装置を主とする医療機関向け医療機器市場は、その製品の性質上、医師・技師等の医療従事者に対する営業活動を行っていますが、各国・地域における営業活動に対しては種々の規制・行動基準が定められており、それらの把握及び遵守に努める必要があります。また、新技術・新製品の臨床効果の検証、さらに各国・地域の医療機器規制へ対応し認証・承認等を取得する必要があることから、製品構想、研究開発から製品販売までに時間を要します。今後の新技術・新製品の臨床効果を読みきれず、適時に製品を市場投入できずに競争力を維持できない場合、あるいは想定外の新規制により新規事業の大幅な軌道修正を余儀なくされるような場合には、投資に対して十分な収益が生み出されず、当社の経営成績に悪影響を及ぼす可能性があります。

　さらに、昨今の不安定な市場環境や部品逼迫、部材・資源価格の高騰、高インフレの長期化に加え、地政学的な問題の増加、コロナ環境がもたらした患者の検診状況、がんや循環器病系の発見遅れによる医療費の圧迫、社会保障における医療費削減や費用分担比率の変化などから事業環境の変化に即応できない場合には、当社の経営成績に悪影響を及ぼす可能性があります。

☆対応・機会

　各国・地域の様々な事業環境変化に対応する中での医療関連事業・産業の在り方を明確にし、部品調達・物流の状況をきめ細かく見極め、お客様のご要望に応えられるようサプライチェーンの強靱化を図るとともに、技術流出や国産優遇のリスクをミニマム化し、特に新興国を含む新規市場開拓を推進いたします。

　また、今後も部品逼迫等の長期化への対応や地政学的なリスクヘッジなど、各国・地域の市場の変化をいち早く捉え、より迅速に対策を講じてまいります。

　医療の高度化に伴いデータ量が増大する中、初期投資やメンテナンス費用を削減できる医療クラウドプラットフォームの活用が不可欠となっている状況において、医療機関を中心とした情報セキュリティの強化を支援し、臨床的価値と安心・安全の両方を提供することでお客様との信頼関係を構築していきます。

　(注) 当社の事業活動については、第2 事業の状況 3 「経営者による財政状態、経営成績及びキャッシュ・フローの状況の分析」の（2）「経営者の視点による経営成績等の状況に関する分析・検討内容」の ⑦ 「トレンド情報」に記載しております。

①-4．半導体・FPD業界における特有のビジネスサイクルに関連するリスク	
影響度：大	発生可能性：中

●リスク

　半導体・FPD業界のビジネスサイクルには変動幅、時期、期間が予測しづらいという特徴があります。半導体デバイスやパネルが供給過剰となる時期には、当社の半導体露光装置、FPD露光装置や有機EL蒸着装置を含む製造設備への投資が大きく減少します。このようなビジネスサイクルを持つ環境の中で、当社は競争力を維持向上するために、研究開発へ多額の投資を継続していく必要があります。市況の下降局面では、売上減少や在庫増によるキャッシュ・フロー悪化の影響で、研究開発費などの発生した費用の全てもしくは一部を回収できない場合があり、当社のビジネス、経営成績及び財政状態は悪影響を受ける可能性があります。市場の変化が当社の想定と異なり、顧客のニーズを満たせなかった場合、顧客のビジネスに悪影響を与え、結果的に顧客との信頼関係を損ねてしまう可能性があります。

☆対応・機会

　当社は、継続的な装置性能の向上と顧客ニーズへの対応力を強化することで、幅広い需要を取り込み、顧客や用途の多様化・販売地域バランスの向上に向けた製品開発を進めています。加えて、既に市場で稼働する装置に対しては、更なる装置性能向上を始め、仕様の追加や顧客ニーズの高いサービスサポートを行っており、製品開発とアフターサービスの両輪で収益基盤の安定化を図っています。また当社では、市場の変化をいち早く捉え、対策を講じるべく、事前の情報収集と分析を重視し、定常的に実施しております。

　半導体において、中長期的な市場の成長や当社製品のシェア拡大が見込まれることから新生産工場の建設を決定しました。生産能力の向上に当たっては既存製造設備の活用やグループ内での柔軟な人員配置体制の構築を進めるなど、今後の市況変動の影響を最小限に抑える施策を講じています。

　（注）当社の事業活動については、第2 事業の状況　3「経営者による財政状態、経営成績及びキャッシュ・フローの状況の分析」の（2）「経営者の視点による経営成績等の状況に関する分析・検討内容」の⑦「トレンド情報」に記載しております。

①-5．販売に関連するリスク	
影響度：大	発生可能性：低

●リスク

　当社において、HP Inc.とのビジネスは重要であり、OEMパートナーとして、長年にわたり強固な関係を構築していますが、HP Inc.が、政策、ビジネス、経営成績の変化により、当社との関係を制限または縮小する決定を為す場合、当社のビジネス、経営成績に悪影響を及ぼす可能性があります。

　また、当社と取引のあるその他の大手ビジネスパートナーとも良好な関係を構築しています。しかし、これらのパートナーが政策、ビジネス、経営成績の変化により、当社との関係を制限または縮小する決定を為す場合、当社のビジネス、経営成績に悪影響を及ぼす可能性があります。

　さらに、当社の想定を超える環境の変化が起こる場合、当社の経営成績に悪影響を及ぼす可能性があります。

☆対応・機会

　当社は、直接、間接販売のチャネルを地域ごとでバランスよく展開しております。特定パートナーの変化についても既存チャネルでの対応に加え、積極的な新規ビジネスパートナーの開拓を継続しております。

　また、HP Inc.とのビジネスにおいては、多様化するワークスタイルやオフィス環境の変化に対応し、更に小型化、高機能化を進めることに加え、拡張性を備えた競争力ある製品を提供し続けるとともに、良好かつ強固なパートナーシップを維持強化していきます。

②　事業横断的な重要性が高いリスク

②-1．サプライチェーンに関連するリスク	
影響度：大	発生可能性：高

●リスク

　当社は原材料の購入から、生産、販売までの一連の流れについて、最適なサプライチェーンの構築に努めていますが、部品及び材料の供給不足や品質問題、生産コストの上昇のほか、製品の生産や販売が物流の停滞、輸送中の事故、その他の理由により損害を受ける場合、当社の経営成績に悪影響を及ぼす可能性があります。

　当社は重要な部品や材料を外部の特定サプライヤーに依存しています。当社の製品で横断的に使用されている部品や材料に品質問題あるいは供給不足や価格高騰が発生する場合等には、当社の生産活動の中断や製造原価の上昇等により当社の経営成績に悪影響を及ぼす可能性があります。加えて、昨今の世界的な半導体部品不足に対し、供給不足の長期化や部品調達環境のさらなる悪化が生じる場合、調達コストの増加による製造原価の上昇や、顧客への納品遅延による売上の機会損失により当社の経営成績及び財政状態に悪影響を及ぼす可能性があります。

　製品を世界各国・地域に供給するために、物流サービスが有効に機能する必要がありますが、コンピューター化されたロジスティクス・システムに何らかのトラブルが発生する場合、地域紛争等の問題が発生する場合、あるいは港湾労働者によるストライキといった労使紛争の問題が発生する場合、高額な製品が輸送中の事故により損害を受ける一方で、保険で補償がなされない場合及び代替製品を顧客に納入できない場合、コストの増加や配送の遅延による売上の機会損失、顧客からの信用を失う可能性があります。

　また、ウクライナ情勢等の地政学的リスクにより、物流の混乱、部品及び材料の価格高騰や逼迫が生じた場合、当社のサプライチェーンに悪影響を及ぼします。

　さらに、企業の社会的責任として、サプライチェーンにおける人権の尊重及び保護への取り組みが、国際的に求められているため、人権に関連する法令違反や倫理違反などが当社グループのサプライチェーンで発生する場合、当社の社会的信頼とブランド価値が毀損される可能性があります。

☆対応・機会

　当社は、最適な生産システムの構築と品質の向上に努めています。自動化、ロボット化技術などを用いた効率的な生産体制の構築やキーパーツの内製化を進め、外部依存度を管理し、製造原価の低減を図っております。さらに、新規サプライヤーや別部品、別材料の開拓等により、供給元の多元化を推進し、原材料の高騰と供給不足に対する耐性を高めております。また、品質管理専門の組織を設置し、外部サプライヤーと一緒に品質向上のための活動を進めることで、安定的な原材料、部品の調達に努めています。

　また、当社ではグループ全体の物流を管理する部門を設置し、グループ全体の物流を全世界的に運営、管理することにより、効率的な物流体制の構築及び物流コストの低減に努めるほか、問題発生時に迅速に対応できる体制の整備を図っています。そして、物流の事故に対しては保険契約により、その損害が補償されるように図っています。

　さらに、サプライチェーンにおける人権の尊重及び保護への取り組みとして、当社では人権方針を策定し、人権デュー・デリジェンスや救済メカニズムの整備にも取り組んでおります。当社は、当社が加盟するRBA（Responsible Business Alliance）の行動規範を採用した「キヤノンサプライヤー行動規範」を策定し、労働・安全衛生・環境・マネジメントシステムなどに配慮した調達活動を推進しています。また、主要サプライヤーについては、RBA行動規範の遵守に関する同意書を取得するほか、児童労働・強制労働・過重労働を防止し、労働安全衛生を確保することを目的に、RBAのSAQ（Self Assessment Questionnaire）を用いた自己点検を毎年実施しています。

②-2. 自然災害・感染症に関連するリスク

影響度：大	発生可能性：高

●リスク

　当社の本社ビル、情報システムや研究開発の基幹設備は、東京近郊に集中していますが、一般的に日本は世界の他の地域と比較して地震の頻度が多いため、それに伴う被害も受けやすい地域であるといえます。また、研究開発、調達、生産、ロジスティクス、販売、サービスといった当社の施設や事務所は、世界中に点在しており、地震・気候変動による洪水等の自然災害、テロ攻撃といった事象に伴うインフラの停止により混乱状態に陥る可能性があります。そのような要因は当社の営業活動に悪影響を与え、物的、人的な損害に関する費用を発生させ、当社の経営成績に悪影響を及ぼす可能性があります。

　また、新型コロナウイルス感染症については変異株による感染が拡大していましたが、各地でワクチン接種が進み、経済活動の再開や回復が続いております。しかしながら、新型コロナウイルスの感染が再拡大・長期化し、世界経済・当社の事業活動が停滞する状況や取引先の事業活動や投資意欲の減退等が発生する場合、また各国政府等の要請により当社の事業活動が制限される事態においては、当社のビジネス、経営成績及び財政状態に悪影響を及ぼす可能性があります。特に、当社関連市場において、リモートワークの進展により、オフィス機器のプリントボリュームが当社の想定ほど回復しない状況や、渡航制限により露光装置や産業機器の設置が当社の予想を下回る事態が発生する場合、当社の経営成績や財政状態に悪影響を及ぼす可能性があります。

　さらに、新型コロナウイルスの感染拡大は、世界各地のサプライチェーンや当社の生産活動に混乱をきたし、東南アジアなどに所在する当社の一部の工場で生産活動が停滞する可能性があります。加えて、日本及び海外で経済活動の制限が生じ、オフィスや販売店の閉鎖、海外渡航制限、国際貨物輸送の需給逼迫などが発生する場合、当社の販売活動が悪影響を受ける可能性があります。

☆対応・機会

　当社は、本社の各所管部門が中心となってリスクマネジメント活動を継続的に実施しています。具体的には、工場操業停止といった最悪の事態に備え、同類機種を複数の拠点で並行生産するというバックアップ体制を一部整えるほか、会社の営業停止時に迅速な復旧を実現するため、初動対応事項や関係部門の役割分担の確認、緊急時の連絡体制等の整備等を行っています。さらに、研究開発、調達、生産、ロジスティクス、販売、サービスに用いる基幹システムについては、情報システムのダウンに備えてバックアップ体制を整えております。

　また、当社は、安定した事業活動維持のため、時差出勤・リモートワークの実施などの感染拡大防止につながる各種対応を継続して行っております。また各拠点には、産業医や保健師を配置し、感染症に対して適切な対応に努めています。

　今後も感染症が拡大する状況を想定し、国内・海外における生産活動及び販売活動の体制再構築や強化に取り組んでおります。

②-3. 国際政治経済に関連するリスク

影響度：大	発生可能性：中

●リスク

　当社は生産及び販売活動の多くを日本国外で行っておりますが、海外における事業活動には主に政治、外交問題または不利な経済状況の発生、急激な為替レートの変動と予期しない政策及び法制度、規制等の変更のリスクがあります。

　主要な市場における景気後退、ウクライナ情勢や貿易摩擦の問題がさらに深刻化するなど、政治、外交問題または不利な経済状況が発生し、法人顧客の投資抑制や個人消費の低迷が生じる場合、当社の業績に悪影響を及ぼす可能性があります。法人顧客の投資抑制は、主に当社のオフィス複合機、レーザープリンター、医療機器、露光装置、産業機器など法人顧客向け製品の需要を、また、個人消費の低迷は、カメラやインクジェットプリンターのような消費者向け製品の需要をそれぞれ減少させる可能性があります。この場合、当社製品の売上が低下し、当社の経営成績及び財政状態に悪影響を及ぼす可能性があります。

　また、急激な為替レートの変動が、外貨建売上など当社の経営成績及び財政状態に悪影響を及ぼす可能性があります。そして、外貨建の取引から生じる当社の資産及び負債の円貨額や海外子会社の外貨建財務諸表から発生する為替換算調整勘定も変動する恐れがあります。

　加えて、世界の各国・地域では政治、行政や法制度整備に係る様々な問題やウクライナ情勢に係る問題があり、当社が予期しない政策及び法制度、規制等の変更に直面するリスクがあります。

☆対応・機会

　政治、外交問題または不利な経済状況の発生については、当社は、当社現地法人と日常的な意思疎通を通じて収集した関連情報や定期的なビジネス概況ヒアリングによる関連情報を経営戦略、業績予想に反映しております。また、特定の市場または世界全体で需要の減少が見込まれる場合は、当社は商品の生産、供給体制に応じて生産調整を実施しています。

　急激な為替レートの変動に関しては、当社は当社現地法人を含め、定常的に短期為替予約の為替ヘッジ取引を実施し、直近の為替水準を反映した価格で製品を市場に投入するなどの対策を講じております。

　予期しない政策及び法制度、規制等の変更については、当社は特に国際的な環境規制や国際及び国内税制変更に係る対策を強化しております。また、公正競争、腐敗防止、個人情報保護、安全保障貿易管理、環境その他の法規制に関しては、各所管部門による統制の下、遵守を徹底しています。

②-4. 人材の確保に関連するリスク	
影響度：中	発生可能性：高

● リスク

　当社の将来の経営成績は、有能な人材の継続的な会社への貢献に拠るところが大きいといえます。また、開発、生産、販売、管理といった当社の活動に関して有能な人材を採用・育成し、実力ある従業員の雇用の維持を図ることができるかどうかが、当社の将来の経営成績に影響してくると考えます。一方、当社が属する先端技術産業での労働市場における人材獲得競争は、近年ますます激しさを増してきております。さらに、技術進歩が日進月歩で加速するため、製品の研究開発面で求められる能力を満たすまでに新しい従業員を育てることはますます重要になってきております。また当社の製造技術の重要課題の一つに技能の伝承があります。レンズ加工など、特殊技能については、短期間に習得できるものではありません。

　有能な人材を採用・育成できず、また有能な人材の流出が生じた場合、開発や生産の遅れなどをもたらし、研究成果や技術が流出するほか、技能が適切に伝承されないリスクが発生します。

☆対応・機会

　当社では、戦略的な要員配置と従業員への積極的なキャリア形成支援により、適材適所を実現し、有能な人材の雇用の維持を図っています。

　採用活動では、専門知識や本人の志向をもとに、配属先を入社前に確約するジョブマッチング型の採用を拡大し、当社が求める人材を最適な部署へ配置しています。また、入社後3年が経過した従業員に対し、仕事や職場との適応状況を確認する面談を人事部門が行い、一人ひとりが安心して能力を発揮できる環境を整えています。

　また、当社ではキャリアマッチング制度（社内公募制度）を充実させ、毎年多くの社員が自らの意思で新しい仕事にチャレンジしています。その中でも、従業員に研修の機会を提供し、自らの変身に挑戦できる「研修型キャリアマッチング制度」では、専門知識を身につける学び直しの機会を提供し、未経験の仕事にもチャレンジできる仕組みを構築しています。さらに、当社が2018年に設立した「Canon Institute of Software Technology（CIST）」では、製品のソフトウエア開発を中心とした技術者のスキルアップから、新入社員の基礎教育や職種転換をめざす社員の教育まで、体系的かつ継続的な人材育成に取り組んでおり、技術人材の強化と同時に、技術人材への転身を支援しています。

　人材育成においては、次世代リーダーの発掘・育成・任用を図る「LEADプログラム」をはじめ、研究開発・ものづくり・販売・管理などのプロフェッショナルを育成する研修プログラムや、トレーニー制度を体系的に実施しています。

　当社の事業活動に欠かせない特殊技能においては、卓越した技能をたたえる「キヤノンの名匠認定・表彰」制度への取り組みを通じて、伝承を図っています。

　これらの取り組みに加え、仕事の成果を公平・公正に評価し、有能な人材に、より高度な役割を与え処遇するという好循環を実現することで、人材の流出防止を図っています。

　（注）人材育成・多様性の考え方及び取り組みについては、第2 事業の状況 1「経営方針、経営環境及び対処すべき課題等」の（6）「人的資本」に記載しております。

②-5．情報セキュリティに関連するリスク	
影響度：中	発生可能性：高

●リスク

　当社は、製造・研究開発・調達・生産・販売・会計などのビジネスプロセスに関する機密情報や、顧客やその他関係者に関する機密情報を電子データとして保有しております。当社はこれらの電子データを、第三者によって管理されているものも含め、様々なシステムやネットワークを介して利用しています。さらに、製品にも情報サービス機能などで電子データが利用されています。

　これらの電子データに関し、ハッカーやコンピューターウイルスによるサイバー攻撃やインフラの障害、天災などによって、個人情報の漏洩、サービスの停止などが発生する可能性があります。特にサイバー攻撃はますます高度化、複雑化し、その攻撃対象は世界各地にわたっております。日本及び海外において事業活動を展開する当社の拠点が、情報技術の脆弱性を突かれ、攻撃を受けた場合、当社ネットワークへの不正アクセスやウェブサイト・オンラインサービスの停止などが発生する可能性があります。

　このような事態が起きる場合、重要な業務の中断や、顧客やその他関係者に関する個人情報・営業機密などの機密データの漏洩、製品の情報サービス機能などへの悪影響のほか、損害賠償責任などが発生する可能性もあります。その結果、社会的信用失墜やブランド価値の低下、当社の経営成績及び財政状態に悪影響を及ぼす可能性があります。

☆対応・機会

　当社では保有する電子データを安全かつ厳密に管理するため、情報セキュリティならびに情報インフラの強化を図っています。

　当社は、情報セキュリティ担当執行役員を情報セキュリティの意思決定者と位置づけ、情報通信システム本部が実務組織として、グループ全体の情報セキュリティマネジメントにおける責任を担っています。

　また、情報セキュリティをグループ全体で同じレベル、同じ考え方で維持することを目的として、「グループ情報セキュリティルール」を策定し、全世界のグループ会社に適用しています。

　サイバー攻撃などの情報セキュリティインシデントへの対処としては、専門チームCSIRT(Computer Security Incident Response Team)を設置しており、外部からのサイバー攻撃への対策として、不審電子メールの遮断、社内ネットワークへの不正侵入監視、インターネットへの不正通信監視などの環境を構築し攻撃被害の拡大防止に努めるとともに、定期的にサイバー攻撃対応訓練を実施し対応体制の強化を図っています。また、外部に公開するウェブサイトに対しても日常的に脆弱性(セキュリティホール)の調査・対策を実施し、オンラインサービス停止リスクを低減しています。

　従業員に対しても、業務に使用するソフトウェアの管理や情報の取り扱い及びサイバー攻撃に対する社員研修、標的型攻撃メール訓練などを全社で行い、意識の向上、リテラシーの向上に努めております。また、情報セキュリティ施策適用の徹底を図るため、毎年当社及びグループ会社に対する情報セキュリティ監査を実施し、情報セキュリティレベルの継続的な維持・向上に努めています。

　（注）サイバーセキュリティの考え方及び取り組みについては、第2 事業の状況 1 「経営方針、経営環境及び対処すべき課題等」の（7）「サイバーセキュリティ」に記載しております。

②-6. 企業買収及び業務提携・戦略的投資に関連するリスク

影響度：大	発生可能性：低

●リスク

　当社は、事業拡大を目的として企業買収を実施しております。また、業務提携、合弁事業、戦略的投資といった様々な形態で、他社との関係を構築しております。これらの活動は、当社の成長のための施策として重要なものであります。しかし、景気動向の悪化や、対象会社もしくはパートナーの業績不振により、期待していた事業拡大を実現できない可能性があります。当社とその対象会社もしくはパートナーが互いに共通の目的を定義し、その目的達成に対して協力していくことが肝要ですが、協力体制の確立が困難となる可能性や、協力体制が確立されても、当社の事業とその対象会社もしくはパートナーが営む事業におけるシナジー効果やビジネスモデルなどが十分な成果を創出できない可能性、また業務統合に想定以上の時間を要する可能性もあります。

　また、予測される将来キャッシュ・フローの低下により、当社が貸借対照表に計上しております企業買収に伴うのれん及びその他の無形固定資産が、減損の対象となる可能性もあります。さらに、有力な提携先との提携が解消になった場合、共同開発を前提とした事業計画に支障をきたし、投資に対する回収が遅れる可能性が生じたり、または回収可能性が低下し、当社の経営成績及び財政状態に悪影響を及ぼす可能性があります。

☆対応・機会

　当社は、既存事業の成熟化に対応すべく、M&A戦略を強力に推進し、事業ポートフォリオの転換を進めています。社内で保有する技術や得意とするビジネスに親和性の高い領域を企業買収及び業務提携、戦略的投資の対象とし、中でも優良企業でかつ経営陣の優れた会社に絞り込んで投資を行っております。企業買収及び業務提携・戦略的投資は、当社取締役会決議やCEO決裁を要しますが、健全な経営判断を担保するため、事前審査のプロセスを強化しております。事業戦略との整合性及び経済合理性、収益性や成長性、リスク等の観点で投資計画の検証を行い、それらを本社管理部門がそれぞれの専門的な視点で事前審査を行います。決議や決裁された投資案件に関しては、CEOと本社管理部門が進捗をモニタリングすることにより、継続的に投資の管理が行われております。買収後は、当社のものづくりノウハウの共有や取引先の共有及びサプライチェーンのサポートを行い、生産効率の向上やコスト削減などのシナジー効果を発揮する取り組みを行っております。

②-7. 環境に関連するリスク

影響度：中	発生可能性：中

●リスク

　当社は、急激な気候変動、資源枯渇、有害化学物質による暴露、大気汚染、水質汚濁等、環境における様々なリスクの可能性を認識しています。また日本及び海外の環境に関する規制の適用を受けております。これらのリスクの顕在化及び規制の強化により環境に関する費用負担や損害賠償責任が生じる可能性があります。この場合、当社のビジネス、経営成績に悪影響を及ぼす可能性があります。

　また、当社は、現在所有しまたは操業している事業所、また以前に所有または操業していた事業所に対する環境汚染の調査と浄化のための責任と義務を負っております。もし当社が将来の訴訟あるいはその他の手続により損害賠償責任を負わなければならない場合、その費用は保険で賄うことができない可能性もあります。この場合当社に与える影響は大きくなる可能性があります。

　加えて、こうしたリスクへの対応に想定以上にコストを要する事態が生じた場合には、当社のビジネス、経営成績に悪影響を及ぼす可能性があります。

☆対応・機会

　当社はグループを挙げて地球温暖化ガスの排出削減、省エネ活動、省エネ製品開発等に取り組むと同時に、高度な資源循環をめざし、製品の小型・軽量化やリマニュファクチュアリング、消耗品のリサイクル、更には水資源の効率利用や廃棄物の再資源化等の環境保護対策を進めています。世界が脱炭素社会への移行を目指す中、製品ライフサイクル全体でCO_2排出量を削減する製品に対する販売機会の拡大が期待されます。また、グリーン調達による有害化学物質の厳格な管理に加え、生産工程で使用する化学物質の削減、排出抑制等の環境活動も行っております。これらの活動は本社所管部門を中心に、ISO14001によるグループ共通の環境マネジメントシステムを運用する方法を通じて推進されており、日本及び海外の環境に関する規制を遵守するため、本社所管部門がグループ全体における対応を統制しております。

　（注）気候関連財務情報開示タスクフォース（TCFD）のフレームワークに基づく開示情報は、第2 事業の状況 1 「経営方針、経営環境及び対処すべき課題等」の（5）「気候変動とTCFDへの対応」に記載しております。

③　一般的なリスク

③-1．製品品質・製造物責任に関連するリスク	
影響度：大	発生可能性：低

●リスク

　当社が提供する製品及びサービスに、品質問題や製造物責任問題が生じた場合、顧客や社会からの信頼が失墜し、ブランド価値が毀損され、販売に悪影響を及ぼす可能性があります。

　特に、製品に重大な品質問題が発生した場合、問題への対応に多大な費用が掛かる可能性があります。これらによって、経営成績に悪影響を及ぼす可能性があります。

☆対応・機会

　当社は、国際的な品質管理規格であるISO9001の要求事項にキヤノン独自の仕組みを加えた「品質マネジメントシステム」を構築しております。

　キヤノンの各事業部門は、本社品質部門や世界中のグループ会社と連携しながら、品質マネジメントシステムをベースに、各国・地域の法規制にも対応したそれぞれの事業特性に最適な品質保証体制を構築し、徹底した品質管理を行っています。

　あらゆる当社製品の品質に関しては、法令で定められた安全基準はもとより、顧客目線での安全性を更に考慮した当社独自の安全基準を設定しております。

　また、開発設計から生産・出荷にいたるすべてのプロセスにおいて品質を確認し、品質基準を満たしている製品のみ市場へ出荷する仕組みを徹底することで、製品の品質問題発生によるリスクの最小化を目指しております。

　万が一、品質問題が発生した場合、お客様の窓口である各国・地域の販売会社から各事業本部の品質保証部門に報告が入ります。同部門では、原因の究明や対策の検討を行うとともに、重大な品質問題については事業本部内の関連部門や本社品質部門、ならびに法務部門や広報部門などと適切な対応を協議し、CEOへ報告の上、承認のもと、速やかに対応を実施します。

③-2. 新製品への移行に関連するリスク	
影響度：大	発生可能性：低

●リスク

　当社が参入している業界の特徴として、ハードウェア及びソフトウェアの性能面における急速な技術の進歩、頻繁な新製品の投入、製品ライフサイクルの短縮化、また製品価格を維持しながらの従来製品以上の性能改善等が挙げられます。

　新製品や新サービスの導入に伴うリスクは多岐にわたります。開発または生産の遅延、導入期における品質問題、製造原価の変動、新製品への切り替えによる現行製品への販売影響、需要予測の不確実性と適正な在庫水準を維持することの難しさに加えて、当社の製品・サービスの基盤である情報システムやネットワーク技術において技術革新が成された場合の移行対応への遅れ等のリスクがあり、当社の収益に大きな影響を及ぼす可能性があります。

　また、当社の収益は競合者の製品またはサービスの導入時期によっても影響を受けます。競合者が当社製品と類似した新製品を当社より先に投入する場合は特に影響を受ける可能性があり、この場合、今後の製品やサービスの需要に影響し、結果として経営成績に悪影響を及ぼす可能性があります。

☆対応・機会

　当社は市場のニーズに応えるイノベーティブで価格競争力のある新製品を投入するために多くの経営資源を投入しております。

　当社は、上記のリスクに対応するため、業界をリードするコア製品を生み出す「コアコンピタンス技術」と、技術蓄積のベースとなる「基盤要素技術」、さらには成長の中で蓄えられてきたキヤノンブランドを支える技術・ノウハウであり、商品化技術のベースとなる「価値創造基盤技術」を多様に組み合わせた「コアコンピタンスマネジメント」を展開して事業の多角化を行うと共に、事業の競争力を高め、市場のニーズを汲み取った商品をスピーディーに市場に供給することに努めています。

　（注）当社の事業活動については、第2 事業の状況 3「経営者による財政状態、経営成績及びキャッシュ・フローの状況の分析」の（2）「経営者の視点による経営成績等の状況に関する分析・検討内容」の⑦「トレンド情報」に記載しております。また、当社の研究開発活動については、第2 事業の状況 5「研究開発活動」に記載しております。

③-3. 有価証券に関連するリスク	
影響度：中	発生可能性：中

●リスク

　当社の資産には、株式等の有価証券への投資も含まれております。金融市場におけるボラティリティ及び経済全般に対する不確実性により、株式及び債券市場の変動影響を受け、将来において当社が実施する投資額と現在のその投資額に対する公正価値との間に大きな乖離を生じる場合には、当社の経営成績及び財政状態に悪影響を及ぼす可能性があります。

☆対応・機会

　当社は、株価の変動や配当の受取りによって利益を受けることを目的とした株式を保有しておらず、主に中長期的成長を目的としたグループ外の企業との連携の一環として、株式を保有しております。

　（注）株式の政策保有に関する方針や保有株式の合理性の検証について、第4 提出会社の状況 4「コーポレート・ガバナンスの状況等」の（5）「株式の保有状況」に記載しております。

③-4．コンプライアンス・法的行為に関連するリスク

影響度：中	発生可能性：中

●リスク

当社は、多くの国・地域で事業活動を行うにあたり、各種法規制を遵守する必要があります。また、第三者から訴訟その他の法的行為を受ける可能性があります。

しかし、現在当社が当事者となっている、または今後当事者となる可能性のある訴訟及び法的手続の結果を予測することは困難です。例えば、当社が高いシェアを占める市場において、独占禁止法関連の訴訟または調査を受ける可能性があります。当社にとって不利な結果が生じた場合や、訴訟や調査への対応に多大なコストが発生した場合、当社の経営成績に悪影響を及ぼす可能性があります。

さらに、コンプライアンス上の問題、例えば、社員の不祥事や組織的不正行為が発生した場合、当社の社会的信頼とブランド価値が毀損される可能性があります。

☆対応・機会

当社では、リスクが現実の問題として発現する可能性や、発生した場合の経営や事業への影響度合いなどを勘案して、当社が直面し得る独占禁止法違反、腐敗防止法違反、安全保障輸出規制違反などの重大なコンプライアンス違反リスクを特定しています。これらのリスクを低減するために、業務フローの整備、ルールの整備、関係従業員への法令教育、監査・点検の実施など遵法体制の整備を行っています。

また、当社リスクマネジメント委員会「コンプライアンス分科会」では、「キヤノングループ行動規範」に基づく企業倫理をグループ内で徹底させています。

さらに、第三者からの訴訟その他の法的行為を受けたときに備え、社内に法務部門を設置し、外部弁護士等と連携して対応できるようにしています。

③-5．知的財産に関連するリスク

影響度：中	発生可能性：中

●リスク

頻繁な技術革新を伴う当社製品にとって、プロダクト・イノベーションは非常に重要であり、そのため、特許やその他の知的財産は、競争上重要なファクターとなっておりますが、競合他社が同様の技術を独自に開発したり、当社が出願した特許が認められなかったり、当社の知的財産の不正使用あるいは侵害を防ぐために講じる手段が成功しない等のリスクがあります。特に新興市場等において、知的財産法が、当社の知的財産を保全するには不十分である等のリスクに直面しております。

一方で、第三者の知的財産権に関して、第三者からの当社に対する侵害主張が正当であると裁定される場合、特定市場における製品の販売差止め、損害賠償の支払い、他社の権利を侵害しない技術の開発や他社技術についてのライセンス取得とそれに伴うロイヤリティの支払いを要求される可能性があります。

当社の知的財産権を有効せしめるため、または他社からの権利侵害の主張に対抗するため、当社は訴訟手続を取らざるを得ない可能性があり、その場合は費用が嵩み、手続に長い期間を費やす可能性があります。

また当社は、特許使用料受取または相手技術のライセンスを受けることと引き換えに、第三者に対して自社特許のライセンスを与えることもあります。そのようなライセンスの条件や更新時の条件変更によっては、当社のビジネスが影響を受ける可能性があります。

また当社は、ルールや評価システムを設定して、当社従業員の職務発明に対して適切な支払いを行っていますが、その金額について将来争いが生じないという保証はありません。

更に、当社の商標権をはじめとする知的財産権を侵害する模倣品が流通し、模倣品の使用により顧客に事故、故障、品質不良などの被害が及ぶことで当社のブランド価値が毀損されるとともに、当社のビジネスに悪影響を及ぼす可能性があります。

上記の要因は全て、当社のビジネス、ブランド価値及び経営成績に悪影響を及ぼす可能性があります。

(point) **圧倒的シェアNo.1への遠い道のり**

御手洗会長は「圧倒的シェア No.1を目指す」，「常に時代や環境の変化に対応し，日々自らを作り変え，進化させ」，「DuPontや P＆ G，GEのような 100-200年以上存続できる超優良企業となりたい」との考えを示している。ただし現実には「圧倒的シェア No.1」製品は少なく，財務体質は強くなったが100-200年以上存続できるかどうかは不透明だ。

☆対応・機会

当社は、知的財産活動の目的を事業展開の支援と明確に位置づけ、10年後、20年後の姿を描いて知的財産戦略を策定・実行しています。

当社の知的財産活動は、強い特許ポートフォリオを構築することで、競争優位性の確保と事業の自由度の確保をバランスよく両立させていることが特徴であり、事業のコア技術に関する特許などの取得はもちろんのこと、事業では競合しないが知財で競合するIT系企業などとの訴訟・交渉に備えて、例えば、AI技術やIoT技術、標準化技術などの特許取得にも力を入れています。このように外部環境や将来の事業を見据えて特許取得を行うとともに、保有する特許の入れ替えを行うことで、強い特許ポートフォリオを維持しています。

当社の知的財産戦略の基本方針として、当社はコアコンピタンス技術に関わる特許は、競争領域において事業を守る特許としてライセンスせずに競争優位性の確保に活用しています。また、通信、GUI（Graphical User Interface）などの汎用技術に関わる協調領域の特許は、クロスライセンスなどに利用することで、研究開発や事業の自由度を確保し、魅力的な製品やサービスの提供につなげています。そして、他者の知的財産を尊重する一方で、当社の知的財産の侵害に対しては毅然と対応をしています。また、他者が容易に到達できない検証困難な発明は、ノウハウとして秘匿し、守ることで他社の追随を許さず、競争優位を確保しています。

当社は上記の知的財産活動における基本的な考え方を実行しつつ、時代とともに戦術を変化させ、知的財産に関連するリスクに対応しています。

(注) 当社の知的財産戦略については、第2 事業の状況 3「経営者による財政状態、経営成績及びキャッシュ・フローの状況の分析」（2）「経営者の視点による経営成績等の状況に関する分析・検討内容」の⑥「知的財産戦略」に記載しております。

③-6．繰延税金資産の回収可能性及び国際的な二重課税に関連するリスク	
影響度：中	発生可能性：低

●リスク

経営環境悪化に伴う事業計画の目標未達などにより課税所得の見積りの変更が必要となった場合や、税率の変動を伴う税制の変更などがあった場合には、繰延税金資産の修正が必要となり、当社の経営成績に悪影響を及ぼす可能性があります。

また、各国・地域の税務当局との間で見解の相違が生じる場合、国際的な二重課税が生じ、当社の経営成績及び財政状態に悪影響を及ぼす可能性があります。

☆対応・機会

当社は繰延税金資産に影響を与えるような、当社及び当社現地法人の課税所得に影響を及ぼす事業計画の変動要因や、各国・地域の税制変更を迅速に把握するよう、定期的な確認を行っております。

また、一部の多国籍企業の過度なタックスプランニングによる国際的な租税回避行為が政治問題化したことを契機として、G20の委託を受けたOECDにおいてBEPS（Base Erosion and Profit Shifting：税源浸食と利益移転）プロジェクトが発足し、2015年10月のBEPSに関する最終報告書公表を受け、各国・地域において税法や租税条約の改正が行われております。

さらに近年においては、経済の電子化に伴う課税上の課題に対処するため、市場国へ課税権を配分する制度及び法人税の最低税率の導入を、各国・地域が足並みを揃えて制度化する準備が進められており、最低税率の導入については2023年内の法制化が、市場国へ課税権を配分する制度は2024年以降の制度化が見込まれており、我が国日本においても、2023年度税制改正においてグローバル・ミニマム課税が法制化されることが内定しています。

こうした国際課税制度の強化が図られる中、当社は、二重課税リスクを低減するため、税務に関するガバナンス体制を整備し、当社現地法人と共に各国・地域における税制や税務行政執行状況の変化への対応を実施するとともに、OECDの各種報告書や経済の電子化に伴う課税上の課題に対処するための新しい国際課税ルールの整備状況などを踏まえた国際税務に係る方針の見直しを適宜実施しております。

(point) **新規参入障壁が高い国内複写機事業**

グローバル複写機市場ではリコーに次いで2位（18%）の数量シェアがある。複写機市場は，販売・保守・メンテナンス網の構築に時間・金銭面で大きなコストがかかり，日本企業が基幹特許を多く有していることから新規参入障壁が高い。過去5年間のシェア推移をみるとキヤノンのシェアは18-22%程度のレンジで安定的に推移している。

③-7. 退職給付会計に関連するリスク	
影響度：中	発生可能性：低

●リスク

　当社及び一部の子会社は、確定給付型年金制度を有しており、未払退職及び年金費用を数理計算によって認識しております。数理計算は、割引率、期待運用収益率、昇給率、死亡率といった前提条件に基づいており、これらの前提条件と実際の結果が異なることにより生じた年金数理上の損失は、従業員の平均残存勤務年数にわたり規則的に償却し、年金費用に含めています。当社は、これらの数理計算上の前提は適切であると考えておりますが、金利低下に伴う割引率の低下や、運用収益の悪化による年金資産の減少など、予測が困難な事象から生じる前提条件からの乖離は、年金数理上の損失の増加につながり、将来の経営成績に悪影響を及ぼす可能性があります。

☆対応・機会

　当社は、各国・地域の年金積立状況や政府の規制、また人事制度を踏まえ、適宜制度の見直しを検討・実施しております。

　（注）未払退職及び年金費用の会計方針については、第2 事業の状況 3 「経営者による財政状態、経営成績及びキャッシュ・フローの状況の分析」の（2）「経営者の視点による経営成績等の状況に関する分析・検討内容」の ②「重要な会計方針及び見積り」に記載しております。

3　経営者による財政状態，経営成績及びキャッシュ・フローの状況の分析

（1）　経営成績等の状況の概要 ……………………………………………………

　当連結会計年度における当グループ（当社，連結子会社及び持分法適用会社）の財政状態，経営成績及びキャッシュ・フロー（以下「経営成績等」という。）の状況の概要は次のとおりであります。

①　財政状態及び経営成績の状況（経営を取り巻く経済環境）

　当連結会計年度の世界経済は，経済活動の再開が本格化した一方で，世界的なインフレとインフレを抑え込むための各国の金融引き締め政策により景気持ち直しのペースが鈍化しました。地域別に見ますと，米国では，インフレや金融引き締めの影響を受けたものの，堅調な個人消費や輸出の拡大を背景に回復基調を維持しました。欧州では，ウクライナ情勢に伴うエネルギー価格の高止まりやインフレの進行により，景気は減速しました。中国では，ゼロコロナ政策に伴う活動制限により個人消費の回復が鈍化し，設備投資も伸び悩みました。また，その他の新興国については，インドや東南アジアを中心に，景気は緩やかに回復しました。我が国ではエネルギー価格の高騰や円安進行による物価上昇が継続しましたが，個人消費を中心とした緩やかな回復が続きました。

　このような不安定な経済環境の中，当社関連市場においては，半導体部品の不足やサプライチェーン混乱の影響を受けましたが，需要については総じて堅調に

推移しました。製品別に見ますと，オフィス向け複合機は，オフィス出社人数の回復に伴い機器の置き換えが進み需要は堅調に推移しましたが，レーザープリンターとインクジェットプリンターは，在宅需要が一巡したことにより需要は伸び悩みました。カメラ市場は，ミラーレスカメラやレンズを中心に，プロやハイアマチュアの需要が底堅く推移しました。医療機器は，国内は2021年の補正予算を背景とした需要の反動がありましたが，海外では画像診断装置を中心に医療現場の投資は回復傾向となりました。半導体デバイス市場は，メモリー市場など一部では弱含みましたが，パワーデバイスやセンサー向け等が好調に推移し，露光装置全体としても旺盛な需要が継続しました。FPD露光装置はコロナ禍による在宅関連需要が一巡したことや景気減速によるノートPC等の需要が減少し，縮小傾向となりました。

　平均為替レートにつきましては，米ドルは前期比で約22円円安の131.66円，ユーロは前期比で約8円円安の138.42円となりました。

（当連結会計年度の経営成績）

経営指標

	第121期 （億円）	第122期 （億円）	増減率 （%）
売上高	35,134	40,314	14.7%
売上総利益	16,278	18,278	12.3%
営業費用	13,459	14,744	9.5%
営業利益	2,819	3,534	25.4%
営業外収益及び費用	208	△10	—
税引前当期純利益	3,027	3,524	16.4%
当社株主に帰属する当期純利益	2,147	2,440	13.6%

1株当たり当社株主に帰属する当期純利益

基本的	205.35	236.71	15.3%
希薄化後	205.29	236.63	15.3%

　当連結会計年度は，部品不足に対して代替部品への切り替えや新規調達先の開拓を継続し，物流逼迫に対しても輸送スペースの早期確保や代替輸送ルートを活用し製品供給に努めました。さらに製品価格改定や円安による好転影響もあり，当期の売上高は，前期比14.7%増の4兆314億円となりました。事業のポートフォリオ転換を着実に進めた結果，新規事業の売上高は1兆円を超え，全社でも2017年以来5年ぶりに売上高が4兆円を超えました。

(point) **低価格帯カメラから撤退する方針を固める**

　イメージング事業はキヤノンのデジタルカメラ市場での成功と共に，ここまで利益を拡大し利益の約9割を占める。しかし，キヤノンは低価格帯コンパクトデジタルカメラから撤退する方針を固めた。コンパクトデジタルカメラ市場では，既に競合他社も低価格帯製品の機種数を絞り込む動きを始めている。

売上総利益率は，部品価格や物流コストの上昇に加え，プリンティング機器の製品供給の安定化に伴い本体比率が上がり，前期を1.0ポイント下回る45.3%となりましたが，製品価格改定や円安の追い風もあり売上総利益は前期比12.3%増の1兆8,278億円となりました。

　営業費用は，売上増加に伴う販売経費の増加に加え，円安による外貨建ての営業費用の増加などにより，前期比9.5%増の1兆4,744億円となりましたが，効率性を重視した管理を徹底し経営体質の改善を進め，売上高経費率は前期を1.8ポイント下回る36.5%となりました。その結果，営業利益は前期比25.4%増の3,534億円となりました。

　営業外収益及び費用は，有価証券評価損益の悪化や円安進行によるグループファイナンスの外貨建て債務から生じた為替差損などにより，前期比で218億円悪化し，10億円の損失となりました。これらの結果，税引前当期純利益は前期比16.4%増の3,524億円となり，当社株主に帰属する当期純利益は前期比13.6%増の2,440億円となりました。

　基本的1株当たり当社株主に帰属する当期純利益は，前期に比べ31円36銭増加し236円71銭となりました。

（セグメント別の経営成績）

　以下の情報はセグメント情報に基づきます。セグメント情報に関する詳細は「第5　経理の状況　1　連結財務諸表等　(1)　連結財務諸表　注記事項　注23　セグメント情報」を参照ください。

プリンティングビジネスユニット

経営指標

	第121期 （億円）	第122期 （億円）	増減率 （%）
カメラ	4,329	5,094	17.7%
ネットワークカメラ他	2,186	2,936	34.3%
外部顧客向け売上高合計	6,515	8,031	23.3%
セグメント間取引	20	4	△79.2%
売上高合計	6,535	8,035	22.9%
売上原価及び営業費用	5,748	6,769	17.8%
営業利益	787	1,266	60.9%
税引前当期純利益	785	1,280	63.2%

プリンティングビジネスユニットでは，期後半は半導体部品の供給に改善が見られ，オフィス向け複合機の生産が回復し，販売台数は前期を上回りました。サービスと消耗品については，オフィス出社人数の回復に伴い前期から緩やかに増加しました。レーザープリンターとインクジェットプリンターは，前期のコロナ禍による生産活動の停滞から回復し，販売台数は前期を大きく上回りましたが，消耗品は在宅需要が一巡したことにより前期を下回りました。プロダクション市場向け機器は，高速カットシートインクジェットプリンターのvarioPRINT iX シリーズが好調に推移し，サービス収入も増加しました。

　これらの結果，当ユニットの売上高は，前期比16.7％増の2兆2,619億円となりました。税引前当期純利益は，製品価格改定を行ったものの部品価格や物流コストの上昇の影響を受け，前期比3.1％減の2,258億円となりました。

イメージングビジネスユニット

経営指標

	第121期 (億円)	第122期 (億円)	増減率 (%)
外部顧客向け売上高合計	4,800	5,130	6.9%
セグメント間取引	4	3	△9.0%
売上高合計	4,804	5,133	6.9%
売上原価及び営業費用	4,510	4,823	7.0%
営業利益	294	310	5.4%
税引前当期純利益	343	319	△7.0%

　イメージングビジネスユニットでは，レンズ交換式デジタルカメラは，部品不足の影響を受け製品供給が停滞しましたが，EOS R5 と EOS R6 をはじめとしたフルサイズミラーレスカメラの販売が引き続き堅調に推移したことに加え，APS-C サイズミラーレスカメラの新製品 EOS R7 と EOS R10 も好評を博し，販売台数は前期を上回りました。製品ラインアップを強化した RF レンズも販売が好調に推移し，販売本数は前期を上回りました。ネットワークカメラは，製品の供給量が回復したことに加え，用途の多様化を背景に販売活動を強化し，大幅な増収となりました。また，業務用映像制作機器は，新製品の EOS R5 C をはじめとするシネマ EOS，業務用ビデオカメラ，放送局用レンズの販売が好調に推移しました。

　これらの結果，当ユニットの売上高は，前期比22.9％増の8,035億円となり

(point) 微細加工に適した技術でリード

　半導体露光装置で最も期待できるのは，ナノインプリントだろう。技術的な難易度は高いが，これまでの常識を覆す革新的な技術であり，業界の勢力図を一気に塗り替える可能性もある。ナノインプリントを導入できれば，マスクの光学補正が不要となることから，マスクデザイン及びシミュレーションの負荷が大幅に低減される。

ました。税引前当期純利益は，プロダクトミックスの好転により収益性が改善し，前期比63.2%増の1,280億円となりました。

メディカルビジネスユニット

経営指標

	第121期 (億円)	第122期 (億円)	増減率 (%)
外部顧客向け売上高合計	4,800	5,130	6.9%
セグメント間取引	4	3	△9.0%
売上高合計	4,804	5,133	6.9%
売上原価及び営業費用	4,510	4,823	7.0%
営業利益	294	310	5.4%
税引前当期純利益	343	319	△7.0%

メディカルビジネスユニットでは，国内は2021年の補正予算による需要増からの反動が大きく，海外では据付工事の延伸がありましたが，欧米を中心に，コロナ禍で控えられていたCT装置やMRI装置などの大型の画像診断装置を中心に需要が回復し，超音波診断装置も好調に推移しました。過去最高水準となった受注に対し，逼迫する部品への対応を進めて着実に販売へと繋げました。

これらの結果，当ユニットの売上高は前期比6.9%増の5,133億円となり，過去最高の売上となりました。税引前当期純利益は，前期は企業買収に伴う営業外収益を計上したこともあり，前期比7.0%減の319億円となりました。

インダストリアルその他ビジネスユニット

経営指標

	第121期 (億円)	第122期 (億円)	増減率 (%)
光学機器	2,159	2,403	11.3%
産業機器	1,123	805	△28.3%
外部顧客向け売上高合計	3,282	3,208	△2.2%
セグメント間取引	96	84	△11.9%
売上高合計	3,377	3,292	△2.5%
売上原価及び営業費用	2,929	2,712	△7.4%
営業利益	449	580	29.3%
税引前当期純利益	453	592	30.7%

インダストリアルビジネスユニットでは，半導体露光装置は，パワーデバイスやセンサー向け等の幅広い分野において好調に推移する中，生産能力を最大限に活用し販売台数は前期を上回りました。FPD露光装置は，販売台数は設置遅れ

を挽回した前期を下回りましたが，コロナ禍による在宅関連需要の減少や景気減速の影響を軽微に留め，高水準を維持しました。有機ELディスプレイ製造装置は，パネルメーカーが用途の多様化に向けて投資を検討する端境期となっており，減収となりました。

　これらの結果，当ユニットの売上高は，前期比2.5％減の3,292億円となりました。税引前当期純利益は，半導体露光装置の販売台数増加に伴い，前期比30.7％増の592億円となりました。

（当連結会計年度の財政状態）

		第121期 （2021年12月31日）	第122期 （2022年12月31日）	増減
資産合計	（億円）	47,509	50,955	3,446
負債合計	（億円）	16,525	17,465	940
株主資本合計	（億円）	28,738	31,131	2,393
非支配持分	（億円）	2,247	2,359	112
純資産合計	（億円）	30,984	33,490	2,506
負債及び純資産合計	（億円）	47,509	50,955	3,446
株主資本比率	（％）	60.5%	61.1%	0.6%

　当連結会計年度末における総資産は，前連結会計年度末から3,446億円増加して5兆955億円となりました。世界的な半導体部品の不足や国際物流の需給逼迫が深刻化する中で，電子部品や原材料，重要部品を厚めに確保するなど安全在庫確保に努めた結果，棚卸資産は増加しました。また売上が増加したことにより売上債権も増加しました。

　負債は前連結会計年度末から940億円増加して1兆7,465億円となりました。当連結会計年度では，東芝メディカルシステムズ（株）（現キヤノンメディカルシステムズ（株））を買収した際の買収資金を1,200億円圧縮したことなどにより，長期債務は減少しました。一方，運転資金の増加に伴い，短期借入金及び一年以内に返済する長期債務は増加しました。

　純資産は，前連結会計年度末から2,506億円増加して3兆3,490億円となりました。2度の自己株式取得による減少の一方で，増益により利益剰余金は増加し，また円安によりその他の包括利益累計額は増加しました。

　これらの結果，当連結会計年度末の株主資本比率は前連結会計年度末より0.6ポイント上昇して61.1％となりました。

② **キャッシュ・フローの状況**

　当連結会計年度末の現金及び現金同等物は，為替変動の影響分を合わせて，前連結会計年度末から393億円減少し，3,621億円となりました。

（営業活動によるキャッシュ・フロー）

　キーパーツと主要部品の在庫レベルを高めにしたことや，運転資金が増加したことなどにより，前連結会計年度末から1,884億円減少して，2,626億円の収入となりました。

（投資活動によるキャッシュ・フロー）

　生産能力，効率性の向上を目的とした設備投資を継続し，また有価証券購入額が増加しました。一方で，海外販売会社において機能見直しによる支店の整理等，固定資産の売却が増加したことなどにより，前連結会計年度末から264億円減少し，1,808億円の支出となりました。

（財務活動によるキャッシュ・フロー）

　東芝メディカルシステムズ（株）（現キヤノンメディカルシステムズ（株））を買収した際の買収資金について返済を行い，長期債務を1,200億円圧縮しました。さらには1,000億円の自己株式取得を実施し，また，増配したことで配当金の支払いが前期から304億円増加しました。一方で，運転資金の増加に伴う短期借入金の増加などがあり，1,468億円の支出となりました。

　また，営業活動によるキャッシュ・フローから投資活動によるキャッシュ・フローを控除した，いわゆるフリーキャッシュ・フローは，前連結会計年度から1,620億円減少し，818億円の収入となりました。

　詳細については，「(2) 経営者の視点による経営成績等の状況に関する分析・検討内容　⑤流動性と資金源泉 b.現金及び現金同等物」に記載のとおりであります。

③ **生産，受注及び販売の実績**

a. 生産実績

　当連結会計年度における生産実績をセグメントごとに示すと，次のとおりであります。

(point) **設備投資等の概要**

　セグメントごとの設備投資額を公開している。多くの企業にとって設備投資は競争力向上・維持のために必要不可欠だ。企業は売上の数％など一定の水準を設定して毎年設備への投資を行う。半導体などのテクノロジー関連企業は装置産業であり，技術発展のスピードが速いため，常に多額の設備投資を行う宿命にある。

セグメントの名称	金額（百万円）	前連結会計年度比（%）
プリンティング	1,976,553	116.0
イメージング	848,085	129.8
メディカル	557,659	109.2
インダストリアル	355,025	107.4
その他及び全社	75,489	104.1
消去	△99,588	－
合計	3,713,223	117.2

(注) 1. 金額は，販売価格によって算定しております。

    2. 上記の金額には，消費税等は含まれておりません。

b. 受注実績

  当グループの生産は，当社と販売各社との間で行う需要予測を考慮した見込み生産を主体としておりますので，販売高のうち受注生産高が占める割合は僅少であります。従って受注実績の記載は行っておりません。

c. 販売実績

  当連結会計年度における販売実績をセグメントごとに示すと，次のとおりであります。

セグメントの名称	金額（百万円）	前連結会計年度比（%）
プリンティング	2,261,938	116.7
イメージング	803,480	122.9
メディカル	513,331	106.9
インダストリアル	329,232	97.5
その他及び全社	223,021	119.5
消去	△99,588	－
合計	4,031,414	114.7

(注) 1. 上記の金額には，消費税等は含まれておりません。

    2. 最近2連結会計年度の主な相手先別の販売実績及び当該販売実績の総販売実績に対する割合は，次のとおりであります。

相手先	第121期 (2021年1月1日から 2021年12月31日まで)		第122期 (2022年1月1日から 2022年12月31日まで)	
	販売高 （百万円）	割合（%）	販売高 （百万円）	割合（%）
HP Inc.	405,971	11.6	484,111	12.0

(point) 主要な設備の状況

  「設備投資等の概要」では各セグメントの1年間の設備投資金額のみの掲載だが，ここではより詳細に，現在セグメント別，または各子会社が保有している土地，建物，機械装置の金額が合計でどれくらいなのか知ることができる。

(2) 経営者の視点による経営成績等の状況に関する分析・検討内容 …………

　経営者の視点による当社グループの経営成績等の状況に関する認識及び分析・検討内容は次のとおりであります。なお，文中の将来に関する事項は，有価証券報告書提出日（2023年3月30日）現在において判断しております。

はじめに

　当社は，プリンティング，イメージング，メディカル，インダストリアルその他の製品を世界的に事業展開する企業グループであります。また，企業の成長と発展を果たすことにより，世界の繁栄と人類の幸福に貢献することを，経営指針としております。

① 主要業績評価指標

　当社の事業経営に用いられる主要業績評価指標（Key Performance Indicators。以下「KPI」という。）は以下のとおりであります。

（収益及び利益率）

　当社は，真のグローバル・エクセレント・カンパニーを目指し邁進しておりますが，経営において重点を置いている指標の1つに収益が挙げられます。以下は経営者が重要だと捉えている収益に関連したKPIであります。

　売上高はKPIの1つと考えております。当社は主に製品，またそれに関連したサービスから売上を計上しています。売上高は，当社製品への需要，会計期間内における取引の数量や規模，新製品の評判，また販売価格の変動といった要因によって変化し，その他にも市場でのシェア，市場環境等も売上高を変化させる要因です。さらに製品別の売上高は売上の中でも重要な指標の1つであり，市場のトレンドに当社の経営が対応しているかというような内容を測定するための目安となります。

　売上総利益率は収益性を測るもう1つのKPIと考えております。当社はフェーズVIの基本方針のもと，事業競争力を徹底的に強化し，価格競争力を持つ収益性の高い商品の提供を図っています。さらに，内製化や，設計・生産技術・製造現場が三位一体となった組み立ての自動化等のグループ一丸となった原価低減活動を推進しています。当社では，売上総利益率の向上にむけて，引き続きこれらの施策を推進してまいります。

営業利益率，税引前当期純利益率及び売上高研究開発費比率も当社のKPIとして考えており，これらについて当社は2つの面からの方策をとっております。1つは，販売費及び一般管理費そのものを統制し低減に努めていること，もう1つは将来の利益を生み出す技術に対する研究開発費を一定の水準に維持していくことです。現在の市場における優位性を保持しつつ，他市場における可能性も開拓していくために必要なことであり，そうした投資が将来の事業の成功の基盤となります。

（キャッシュ・フロー経営）

当社はキャッシュ・フロー経営にも重点を置いております。以下の指標は，経営者が重要だと捉えているキャッシュ・フロー経営に関連したKPIです。

在庫回転日数はKPIの1つであり，サプライチェーン・マネジメントの成果を測る目安となります。棚卸資産は陳腐化及び劣化する等のリスクを内在しており，その資産価値が著しく下がることで，当社の業績に悪影響を及ぼすこともありえます。こうしたリスクを軽減するためには，サプライチェーン・マネジメントの強化により，棚卸資産の圧縮及び製品コスト等の回収を早期化させるために生産リードタイムを短縮させ，一方で販売の機会損失を防ぐため適正水準の製品在庫を保持していく活動の継続が重要であると考えられます。

また有利子負債依存度も当社のKPIの1つであります。当社のような製造業では，開発，生産，販売等のプロセスを経て，事業が実を結ぶまでには，一般に長い期間を要するため，堅固な財務体質を構築することは重要なことであると考えます。今後も当社は主に通常の営業活動からのキャッシュ・フローで，流動性や設備投資に対応してまいります。

総資産に占める株主資本の割合を示す株主資本比率も，当社におけるKPIの1つとしております。株主資本を潤沢に持つことは，長期的な視点に立って高水準の投資を継続することにつながり，短期的な業績悪化にも揺るがない事業運営を可能にします。特に，研究開発に重点を置く当社にとっては，財務の安全性を確保することは，非常に重要なことであると考えられます。

② 重要な会計方針及び見積り

　当社の連結財務諸表は，米国会計基準に基づいて作成されております。また当社は，連結財務諸表を作成するために，種々の見積りと仮定を行っております。これらの見積り及び仮定は将来の市場状況，売上増加率，利益率，割引率等の見積り及び仮定を含んでおります。当社は，これらの見積り及び仮定は合理的であると考えておりますが，実際の業績は異なる可能性があります。また，パンデミックや地政学的リスク，さらにはインフレに伴う景気減速のリスク等により，当社の業績が経営者の仮定及び見積りとは異なる可能性があります。当社は，現在当社の財政状態及び経営成績に影響を与えている会計方針を適用するにあたり，以下の事項がより重要な判断事項であると考えています。

a. 長期性資産の減損

　基準書360「有形固定資産」に準拠し，有形固定資産や償却対象の無形固定資産などの長期性資産は，帳簿価額が回収できないという事象や状況の変化が生じた場合に，減損に関する検討を実施しております。帳簿価額が割引前将来見積キャッシュ・フローの総額を上回っていた場合には，帳簿価額が公正価値を超過する金額について減損を認識しております。公正価値の決定は，見積り及び仮定に基づいて行っております。

b. 有形固定資産

　有形固定資産は取得原価により計上しております。減価償却方法は，定額法で償却している一部の資産を除き，定率法を適用しております。

c. たな卸資産

　たな卸資産は，低価法により評価しております。原価は，国内では平均法，海外では主として先入先出法により算出しております。

d. リース

　当社は，貸手のリースでは主にオフィス製品の販売においてリース取引を提供しております。販売型リースでの機器の販売による収益は，リース開始時に認識しております。販売型リース及び直接金融リースによる利息収益は，それぞれのリース期間にわたり利息法で認識しております。これら以外のリース取引はオペレーティングリースとして会計処理し，収益はリース期間にわたり均等に認識し

ⓟⓞⓘⓝⓣ 設備の新設，除却等の計画

　ここでは今後，会社がどの程度の設備投資を計画しているか知ることができる。毎期どれくらいの設備投資を行っているか確認すると，技術等での競争力維持に積極的な姿勢かどうか，どのセグメントを重要視しているか分かる。また景気が悪化したときは設備投資額を減らす傾向にある。

ております。機器のリースとメンテナンス契約が一体となっている場合は，リース要素と非リース要素の独立販売価格の比率に基づいて収益を按分しております。通常，リース要素は，機器及びファイナンス費用を含んでおり，非リース要素はメンテナンス契約及び消耗品を含んでおります。一部の契約ではリースの延長又は解約オプションが含まれております。当社は，これらのオプション行使が合理的に確実である場合，オプションの対象期間を考慮し，リース期間を決定しております。当社のリース契約の大部分は，顧客の割安購入選択権を含んでおりません。

借手のリースでは建物，倉庫，従業員社宅，及び車輌等に係るオペレーティングリース及びファイナンスリースを有しております。当社は，契約開始時に契約にリースが含まれるか決定しております。一部のリース契約では，リース期間の延長又は解約オプションが含まれております。当社は，これらのオプション行使が合理的に確実である場合，オプションの対象期間を考慮し，リース期間を決定しております。当社のリース契約には，重要な残価保証または重要な財務制限条項はありません。当社のリースの大部分はリースの計算利子率が明示されておらず，当社はリース料総額の現在価値を算定する際，リース開始時に入手可能な情報を基にした追加借入利子率を使用しております。当社のリース契約の一部には，リース要素及び非リース要素を含むものがあり，それぞれを区分して会計処理しております。当社はリース要素と非リース要素の見積独立価格の比率に基づいて，契約の対価を按分しております。オペレーティングリースに係る費用は，そのリース期間にわたり定額法で計上されております。

e. 企業結合

企業買収は取得法で処理しております。取得法では，取得した全ての有形及び無形資産並びに引き継いだ全ての負債を，支配獲得日における公正価値に基づき認識及び測定します。公正価値の決定には，将来キャッシュ・フローの予測，割引率，資本収益率，及びその他の利用可能な市場データに基づく見積りなどの，重要な判断や見積りを伴います。また，将来キャッシュ・フローの予測は，被買収会社の実績や，過去及び将来に想定される趨勢，市場や経済状況などの多くの要素に基づいております。

(point) **株式の総数等**

発行可能株式総数とは，会社が発行することができる株式の総数のことを指す。役員会では，株主総会の了承を得ないで，必要に応じてその株数まで，株を発行することができる。敵対的TOBでは，経営陣が，自社をサポートしてくれる側に，新株を第三者割り当てで発行して，買収を防止することがある。

f. のれん及びその他の無形固定資産

　のれん及び耐用年数が確定できないその他の無形固定資産は償却を行わず，代わりに毎年第4四半期に，または潜在的な減損の兆候があればより頻繁に減損テストを行っております。全てののれんは，企業結合のシナジー効果から便益を享受する報告単位に配分されます。報告単位の公正価値が，当該報告単位に割り当てられた帳簿価額を下回る場合には，当該差額をその報告単位に配分されたのれんの帳簿価額を限度とし，のれんの減損損失として認識しております。報告単位の公正価値は，主として割引キャッシュ・フロー分析に基づいて決定されており，将来キャッシュ・フロー及び割引率等の見積りを伴います。将来キャッシュ・フローの見積りは，主として将来の成長率に関する当社の予測に基づいております。割引率の見積りは，主として関連する市場及び産業データ並びに特定のリスク要因を考慮した，加重平均資本コストに基づいて決定しております。2021年第4四半期及び2022年第4四半期に行った減損テストの結果，個々の報告単位の公正価値は帳簿価額を十分に超過しており，減損が認識された報告単位はありません。しかし，メディカル報告単位に帰属するのれんについては，公正価値が帳簿価額を超過する割合が他の報告単位と比べて低くなっており，将来キャッシュ・フローが想定よりも減少した場合，減損損失を認識する可能性があります。なお，当該報告単位に帰属するのれんの帳簿価額は542,695百万円となっております。当該報告単位の将来キャッシュ・フローの見積りは，今後の医療機器市場の成長や事業活動地域の成長を考慮した上で立案された中期経営計画に基づいております。

　耐用年数の見積りが可能な無形固定資産は，主としてソフトウェア，商標，特許権及び技術資産，ライセンス料，顧客関係であります。なお，ソフトウェアは主として3年から8年で，商標は15年で，特許権及び技術資産は7年から21年で，ライセンス料は8年で，顧客関係は10年から15年で定額償却しております。

g. 法人税等の不確実性

　当社は，法人税等の不確実性の評価及び見積りにおいて多くの要素を考慮しており，それらの要素には，税務当局との解決の金額及び可能性，並びに税法上の技術的な解釈を含んでおります。不確実性に関する実際の解決が見積りと異なる

のは不可避的であり，そのような差異が連結財務諸表に重要な影響を与える可能性があります。

h. 繰延税金資産の評価

当社は，繰延税金資産に対して定期的に実現可能性の評価を行っております。繰延税金資産の実現は，主に将来の課税所得の予測によるところが大きく，課税所得の予測は将来の市場動向や当社の事業活動が順調に継続すること，その他の要因により変化します。課税所得の予測に影響を与える要因が変化した場合には評価性引当金の設定が必要な場合があり，当社では繰延税金資産の実現可能性がないと判断した際には，繰延税金資産を修正し，損益計算書上の法人税等に繰り入れ，当期純利益が減少いたします。

i. 未払退職及び年金費用

未払退職及び年金費用は数理計算によって認識しており，その計算には前提条件として基礎率を用いています。割引率，期待運用収益率といった基礎率については，市場金利などの実際の経済状況を踏まえて設定しております。その他の基礎率としては，昇給率，死亡率などがあります。これらの基礎率の変更により，将来の退職及び年金費用が影響を受ける可能性があります。

基礎率と実際の結果が異なる場合は，その差異が累積され将来期間にわたって償却されます。これにより実際の結果は，通常，将来の年金費用に影響を与えます。当社はこれらの基礎率が適切であると考えておりますが，実際の結果との差異は将来の年金費用に影響を及ぼす可能性があります。

当連結会計年度の連結財務諸表の作成においては，給付債務の計算に使用する割引率には国内制度，海外制度ではそれぞれ加重平均後で1.2％，4.1％を，長期期待収益率には国内制度，海外制度ではそれぞれ加重平均後で3.1％，5.7％を使用しております。割引率を設定するにあたっては，現在利用可能で，かつ，年金受給が満期となる間に利用可能と予想される高格付けで確定利付の公社債の収益率に関し利用可能な情報を参考に決定しております。また長期期待収益率の設定にあたっては，年金資産が構成される資産カテゴリー別の過去の実績及び将来の期待に基づいて収益率を決定しております。

割引率の低下（上昇）は，勤務費用及び数理計算上の差異の償却額を増加（減少）

させるとともに, 利息費用を減少 (増加) させます。割引率が0.5%低下した場合, 予測給付債務は約776億円増加します。割引率の低下 (上昇) による影響は, 数理計算上の他の前提条件の変更による影響と同様に, 翌期以降に繰り延べられます。

長期期待収益率の低下 (上昇) は, 期待運用収益を減少 (増加) させ, かつ数理計算上の差異の償却額を増加 (減少) させるため, 期間純年金費用を増加 (減少) させます。長期期待収益率が0.5%低下した場合, 期間純年金費用は約49億円増加します。

これにより年金制度の積立状況 (すなわち, 年金資産の公正価値と退職給付債務の差額) を連結貸借対照表で認識しており, 対応する調整を税効果調整後で, その他の包括利益 (損失) 累計額に計上しております。

j. 収益認識

当社は, 主にプリンティング, イメージング, メディカル, インダストリアルその他の各ビジネスユニットの製品, 消耗品並びに関連サービス等の売上を収益源としており, それらを顧客との個別契約に基づき提供しております。当社は, 約束した財またはサービスの支配が顧客に移転した時点, もしくは移転するにつれて, 移転により獲得が見込まれる対価を反映した金額により, 収益を認識しております。

プリンティングビジネスユニットの製品 (オフィス向け複合機, レーザープリンター, インクジェットプリンター等) 及びイメージングビジネスユニットの製品 (デジタルカメラ等) の販売による収益は, 製品の支配を顧客がいつ獲得するかにより, 主に出荷または引渡時点で認識しております。

また, メディカルビジネスユニットの製品 (CT装置やMRI装置等) 及びインダストリアルその他ビジネスユニットの製品 (半導体露光装置やFPD露光装置等) の販売にあたり, 機器の性能に関して顧客検収を要する場合は, 機器が顧客の場所に据え付けられ, 合意された仕様が客観的な基準により達成されたことを確認した時点で, 収益を認識しております。

当社のサービス売上の大部分は, プリンティングの製品及びメディカルの製品のメンテナンスサービスに関連するものであり, 一定期間にわたり認識しており

ます。プリンティングの製品のサービス契約は，通常，顧客は，機器の使用量に応じた従量料金，固定料金，または，基本料金に加えて使用量に応じた従量料金を支払う契約であり，通常，修理作業及び消耗品の提供を含んでおります。プリンティングの製品のサービス契約による収益の大部分は，顧客への請求金額が，履行義務の充足に伴い顧客に移転した価値と直接対応していることから，顧客への請求金額により収益を計上しております。メディカルの製品のサービス契約は，通常，顧客は，当社が提供する待機サービスの対価として，固定料金を支払っており，当社は契約期間にわたり均等に収益を認識しております。

プリンティングの製品に関するサービス契約の多くは，関連する製品販売契約と一体で実行されます。製品及びサービスの取引価格は，独立販売価格の比率に基づいて各履行義務に配分される必要があり，その配分には判断が伴います。独立販売価格は，市場の状況及びその他観察可能なインプットを含む合理的に入手可能なすべての情報に基づき，配分の目的に合致するように設定された価格のレンジを用いて見積もられています。製品またはメンテナンスサービスの取引価格が設定されたレンジを外れる場合は，見積独立販売価格に基づき取引価格は配分されることになります。契約獲得の追加コストは，関連するプリンティングの製品が販売された時に，費用として認識しております。

転用可能性がなく，かつ完了した成果に対して顧客から支払いを受ける強制力のある権利を有している一部の産業機器の販売契約（以下「長期契約」）に関する収益は一定期間にわたり認識しており，コストを基礎とする進捗度に基づき，完成時の見積り利益の当期進捗分を含む収益が当期に認識されます。未完成の長期契約に関する損失は，損失が発生することが明らかになった期に認識されます。長期契約に関する作業実績や作業状況，想定される収益性の変化や最終的な契約条項がコストや収益の見積りに与える影響は，それらが合理的に見積り可能になった期に認識されます。将来コストや完成時の利益に影響を与える要素は生産効率，労働力や資材の利用可能性とコストを含み，これらの要素は将来の収益と売上原価に重要な影響を与えることがあります。

財またはサービスの移転と交換に当社が受け取る取引価格は，値引き，顧客特典，売上に応じた割戻し等の変動対価を含んでおります。変動対価は，主として，

販売代理店や小売店が主要顧客であるイメージングの製品の販売に関連しており
ます。当社は，変動対価に関する不確実性が解消された時点で収益認識累計額の
重要な戻し入れが生じない可能性が高い範囲で，変動対価を取引価格に含めてお
ります。変動対価は，過去の傾向や売上時点におけるその他の既知の要素に基づ
いて見積もっており，直近の情報に基づき定期的に見直しております。また，当
社は，販売後の短期間，顧客に製品の返品権を付与することがあり，当該返品権
により予想される返品を考慮し決定された取引価格に基づき収益認識をしており
ます。

　当社は，連結損益計算書の収益について，顧客から徴収し政府機関へ納付され
る税金を除いて表示しております。

k．信用損失引当金

　信用損失引当金は，過去の信用損失の経験と合理的かつ裏付け可能な予測を踏
まえつつ，基準書326（「金融商品-信用損失」）に基づいて，全ての債権計上先
を対象として計上しております。また当社は，破産申請など顧客の債務返済能力
がなくなったと認識した時点において，顧客ごとに信用損失引当金を積み増して
おります。債権計上先をとりまく状況に変化が生じた場合は，債権の回収可能性
に関する評価はさらに調整されます。法的な償還請求を含め，全ての債権回収の
ための権利を行使してもなお回収不能な場合に，債権の全部または一部を回収不
能とみなし，信用損失引当金を取り崩しております。

l．環境負債

　環境浄化及びその他の環境関連費用に係る負債は，環境アセスメントあるいは
浄化努力が要求される可能性が高く，その費用を合理的に見積ることができる場
合に認識しており，連結貸借対照表のその他の固定負債に含めております。環境
負債は，事態の詳細が明らかになる過程で，あるいは状況の変化の結果によりそ
の計上額を調整しております。その将来義務に係る費用は現在価値に割引いてお
りません。

m．新会計基準

　「第5　経理の状況　1　連結財務諸表等　（1）　連結財務諸表　注記事項　注
1　（24）新会計基準」に記載のとおりであります。

---

③ 当連結会計年度の経営成績等の状況に関する認識及び分析・検討内容

a. 売上高

　当連結会計年度は，全世界において経済活動の再開が本格化した一方で，世界的なインフレとインフレを抑え込むための各国の金融引き締め政策により景気持ち直しのペースが鈍化しました。こうした中，半導体部品の不足やサプライチェーン混乱の影響を受けましたが，各セグメントにおける需要については総じて堅調に推移し，売上高は前連結会計年度比14.7％増の4兆314億円となりました。製品売上高及びサービス売上高は前連結会計年度比でそれぞれ，15.2％増の3兆2,318億円，12.8％増の7,996億円となりました。

　当連結会計年度の海外での売上高は，連結売上高の78.5％を占めます。海外での売上高の計算は，円と外貨の為替レートの変動に影響されます。製品の現地生産及び海外からの部品や材料調達等によりその影響を抑えておりますが，為替レートの変動は当社の経営成績に大きな影響を与える可能性があります。

　当連結会計年度の米ドル及びユーロの平均為替レートはそれぞれ131.66円及び138.42円と，前連結会計年度に比べて米ドルは約22円円安，ユーロは約8円円安で推移しました。米ドルとの為替レートの変動により約2,459億円の売上高増加，ユーロとの変動で約563億円の売上高増加，その他の通貨との変動で約378億円の売上高増加影響がありました。その結果，当連結会計年度の為替による売上高の増加影響は約3,400億円となりました。

b. 売上原価

　売上原価は，主として原材料費，購入部品費，工場の人件費から構成されます。原材料費のうち海外調達される原材料については，海外の市場価格や為替レートの変動による影響を受け，当社の売上原価に影響を与えます。売上原価にはこれらの他に有形固定資産の減価償却費，修繕費，光熱費，賃借料などが含まれております。当連結会計年度は部品，材料の価格上昇および，国際的な物流の逼迫による輸送費用の上昇による影響を受けました。その結果，売上高に対する売上原価の比率は，当連結会計年度は54.7％となり，前連結会計年度53.7％より1.0ポイント上昇しました。

c. 売上総利益

当連結会計年度の売上総利益は，前連結会計年度と比べ12.3％増加の1兆8,278億円となりました。また売上総利益率は，前連結会計年度より1.0ポイント悪化し45.3％となりました。売上総利益の増加は，製品価格改定や円安の追い風によるものであり，一方売上総利益率の減少は，部品価格や物流コストの上昇に加え，プリンティング機器の製品供給の安定化に伴う本体比率の上昇などによるものです。

d. 営業費用

営業費用は，主に人件費，研究開発費，広告宣伝費であります。営業費用は，売上増加に伴う販売経費の増加に加え，円安による外貨建ての営業費用の増加などにより，前期比9.5％増の1兆4,744億円となりました。一方，当連結会計年度売上高に対する経費率は前連結会計年度より1.8ポイント改善し，36.5％となりました。経費率の改善は，効率性を重視した管理を徹底し経営体質の改善を進めたことによるものです。

e. 営業利益

当連結会計年度の営業利益は，前連結会計年度比25.4％増加の3,534億円でありました。営業利益率は0.8ポイント好転して8.8％となりました。

f. 営業外収益及び費用

当連結会計年度の営業外収益及び費用は，有価証券評価損益の悪化や円安進行によるグループファイナンスの外貨建て債務から生じた為替差損などにより，前連結会計年度から218億円悪化し，10億円の損失となりました。

g. 税引前当期純利益

当連結会計年度の税引前当期純利益は3,524億円で，前連結会計年度比16.4％の増益となりました。また，売上高に対する比率は8.7％でした。

h. 法人税等

当連結会計年度の法人税等は205億円増加し，実効税率は26.2％でした。実効税率が日本の法定実効税率を下回っているのは，主に試験研究費の税額控除や海外子会社で適用される税率が日本の法定実効税率より低いためです。

---

i. 当社株主に帰属する当期純利益

　当連結会計年度の当社株主に帰属する当期純利益は前連結会計年度比13.6%の増益である2,440億円となりました。また，売上高当期純利益率は6.1%となりました。

④　海外事業と外国通貨による取引

　当社の販売活動は様々な地域で現地通貨により行っている一方，売上原価は円の占める割合が比較的高くなっております。当社の現在の事業構造を鑑みると，円高影響は売上高や売上総利益率に対してマイナス要因となります。こうした為替相場の変動による財務リスクを軽減することを目的に，当社は為替先物契約を主とした金融派生商品を利用した取引を実施しております。

　海外における売上高利益率は，主に販売活動を中心としているため，国内の売上高利益率と比較すると低くなっております。一般的に販売活動は，当社が行っている生産活動ほど収益性は高くありません。地域別セグメント情報に関する詳細は「第5 経理の状況 1 連結財務諸表等 (1) 連結財務諸表 注記事項 注23　セグメント情報」を参照ください。

⑤　流動性と資金源泉

a. キャッシュ・フロー経営の基本原則

　当社は財務戦略の基本方針に「キャッシュ・フロー経営の徹底による健全な財務体質の維持」を掲げ，以下の2点をキャッシュ・フロー経営の基本原則としております。

1. 現行事業の収益性をさらに改善し新規事業の成長スピードを高めることにより，高収益体質の向上に努めます。
2. 事業の中期的な拡大・成長に必要な設備投資は減価償却費の範囲内に収め，財務健全性の維持に努めます。ただし，成長戦略の為の大規模なM&A等は積極的に行う予定であり，必要に応じて外部からの資金調達も実施します。

資金の調達 (Cash-In)

　事業活動からの利益をベースとする営業活動によるキャッシュ・フローを原資

とします。資金調達を行う際は，金融市場の状況を鑑みて，期間・通貨・手法を検討し，多様な選択肢から最適な手段を選定します。

資金の使途 (Cash-Out)

　資金の主な使途は以下の優先順位に則り決定しております。

1. 成長投資：設備投資・研究開発やM&Aなど

　　M&Aは新規事業の早期育成・拡大の選択肢として重視しております。投資対象先の選定にあたり，市場の成長性・規模，自社の事業領域・技術との親和性の高い市場であることを基準としております。

2. 株主還元

　　中長期的な業績の見通しに加え，将来の投資計画やキャッシュ・フローなどを総合的に勘案して，配当を中心に，安定的かつ積極的な利益還元を実施します。

3. 借入金返済

　　成長投資と株主還元の次に，健全な財務体質維持のために，借入金返済について着実に進めて参ります。

b. 現金及び現金同等物

キャッシュ・フローの推移（億円）

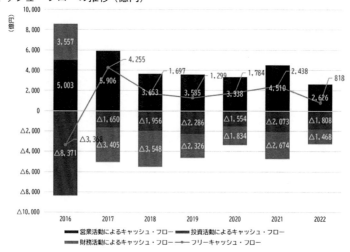

当連結会計年度における現金及び現金同等物は，前連結会計年度から393億円減少して，3,621億円となりました。当社の現金及び現金同等物は主に円と米ドルを中心としておりますが，その他の外貨でも保有しております。

営業活動によるキャッシュ・フロー

　当連結会計年度の営業活動によるキャッシュ・フローは，キーパーツと主要製品の在庫レベルを高めにしたことや運転資金が増加したことなどにより，前期比1,884億円減少し，2,626億円の収入となりました。営業活動によるキャッシュ・フローは，主に顧客からの現金受取によるキャッシュ・イン・フローと，部品や材料，販売費及び一般管理費，研究開発費，法人税の支払いによるキャッシュ・アウト・フローとなっております。当連結会計年度におけるキャッシュ・イン・フローの減少は，主に売上高の増加に伴い，顧客への債権が増加したことによります。当社の回収率に重要な変化はありません。また部品や材料の支払いといったキャッシュ・アウト・フローの増加は，キーパーツと主要製品等の在庫水準が高まったことなどによるものです。法人税の支払いによるキャッシュ・アウト・フローの増加は，課税所得の増加によるものです。

投資活動によるキャッシュ・フロー

　当連結会計年度の投資活動によるキャッシュ・フローは，生産能力，効率性の向上を目的とした設備投資を継続し，また，有価証券購入額が増加しました。固定資産購入額は前連結会計年度より112億円増加して，当連結会計年度は1,885億円となり，有価証券購入額は194億円増加して，216億円となりました。一方で，当期は大型の企業買収がなかったことや，海外販売会社において機能見直しによる支店の整理等，固定資産の売却が増加したことなどにより，前連結会計年度より264億円減少し1,808億円の支出となりました。

フリーキャッシュ・フロー

　当社は，営業活動によるキャッシュ・フローから投資活動によるキャッシュ・フローを控除した純額をフリーキャッシュ・フローと定義しており，当連結会計年度のフリーキャッシュ・フローは，前連結会計年度の2,438億円から，1,620億円減少し，818億円の収入となりました。

　当社は，キャッシュ・フロー経営に重点を置き，フリーキャッシュ・フローを

常時モニタリングしております。フリーキャッシュ・フローは当社の現在の流動性や財務活動の使途を理解する上で重要であり，また投資家にも有用であると考えております。当社は資金の調達源泉を明らかにするために，米国会計基準による連結キャッシュ・フロー計算書や連結貸借対照表と併せて，米国会計基準以外の財務指標（Non-GAAP財務指標）である，フリーキャッシュ・フローを分析しております。なお，最も直接的に比較可能な米国会計基準に基づき作成された指標とフリーキャッシュ・フローの照合調整表は以下のとおりです。

（億円）

	第121期	第122期	増減
営業活動によるキャッシュ・フロー	4,510	2,626	△1,884
投資活動によるキャッシュ・フロー	△2,073	△1,808	+264
フリーキャッシュ・フロー	2,438	818	△1,620
財務活動によるキャッシュ・フロー	△2,674	△1,468	+1,205
為替変動の現金及び現金同等物への影響額	173	258	+85
現金及び現金同等物の増減	△63	△393	△330
現金及び現金同等物の期首残高	4,077	4,014	△63
現金及び現金同等物の期末残高	4,014	3,621	△393

財務活動によるキャッシュ・フロー

　当連結会計年度の財務活動によるキャッシュ・フローは，東芝メディカルシステムズ（株）（現キヤノンメディカルシステムズ（株））を買収した際の買収資金について返済を行い，長期債務1,200億円を圧縮しました。さらには1,000億円の自己株式取得を実施し，また，増配したことで配当金の支払いが前期から304億円増加しました。一方で，運転資金の増加に伴う短期借入金の増加などがあり，1,468億円の支出となりました。なお，当連結会計年度の配当金の支払額は，1株当たり115.00円を実施しました。東芝メディカルシステムズ（株）（現キヤノンメディカルシステムズ（株））を買収した際の借入金の残高推移は以下のとおりであります。

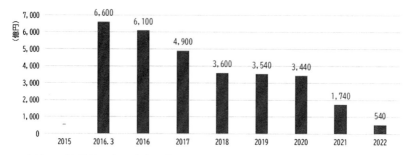

当社は，流動性や必要資本を満たすため，増資，社債発行，借入といった外部からの様々な資金調達方法をとることが可能です。当社は，これまでどおりの資金調達や資本市場からの資金調達が可能であり，また将来においても可能であり続けると認識しておりますが，経済情勢の急激な悪化やその他状況によっては，当社の流動性や将来における長期の資金調達に影響を与える可能性があります。

当社の長期債務は，主に銀行借入とリース債務によって構成されています。

格付け

当社は，グローバルな資本市場から資金調達をするために，格付機関であるＳ＆Ｐグローバル・レーティングから信用格付を得ております。それに加えて，当社は日本の資本市場からも資金調達するために，日本の格付会社である格付投資情報センターからも信用格付を得ております。2023年2月28日現在，当社の負債格付は，Ｓ＆Ｐグローバル・レーティング：Ａ（長期），Ａ－１（短期）；格付投資情報センター：AA（長期）であります。当社では，現時点で負債の返済を早めるような格付低下の要因は発生しておりません。当社の信用格付が下がる場合は，借入コストの増加につながります。

c．在庫の適正化

当社の最新の在庫水準の最適化の方針は，運転資金を最小化し，在庫の陳腐化のリスクを避け，一方で予期せぬ天災発生時でも販売活動を継続できるようにするため，適切なバランスを維持していくことであります。当社の在庫回転日数は，当連結会計年度，前連結会計年度末時点でそれぞれ，69日，66日となりました。在庫回転日数増加の主な要因は，世界的な半導体部品の不足や国際物流の需給逼迫が深刻化する中で，電子部品や原材料，重要部品を厚めに確保するなど，安全

在庫確保に努めた結果として，工場の仕掛品や販売会社の製品在庫が増加したことによるものであります。

d. 設備投資

当社は積極的な業績拡大に資する投資を行う一方，総額は減価償却費の範囲内に収めることでフリーキャッシュ・フローを安定的に創出するなど，財務基盤を強固にするキャッシュ・フロー経営を徹底しています。当連結会計年度における設備投資は，前連結会計年度の1,519億円から47億円増加し，1,566億円になりました。翌連結会計年度につきましては，引き続き成長のための設備投資を行うことにより，当社の設備投資は2,100億円の見込みであります。

e. 退職給付債務への事業主拠出

当社の確定給付型年金への拠出額は，当連結会計年度317億円，前連結会計年度438億円であり，確定拠出型年金への拠出額は，当連結会計年度243億円，前連結会計年度227億円であります。また，一部の子会社が加入している複数事業主制度への拠出額は，当連結会計年度47億円，前連結会計年度48億円であります。

f. 運転資本

当連結会計年度における運転資本（流動資産から流動負債を控除した額）は，前連結会計年度の8,175億円から269億円減少し，7,906億円になりました。減少の主な要因は，流動負債である短期借入金（1年以内に返済する長期債務を含む）の増加によるものです。当社の運転資本は，予測できる将来需要に対して十分であると認識しております。当社の必要資本は，設備投資に関わる支出の水準及び時期といった全社的な事業計画に基づいております。流動比率（流動負債に対する流動資産の割合）は，当連結会計年度は1.58，前連結会計年度は1.77であります。

g. 総資本当社株主に帰属する当期純利益率

総資本利益率（当社株主に帰属する当期純利益を前年度末及び当年度末の総資産平均で除した割合）は，当連結会計年度では5.0％です。当期純利益の増加により，前連結会計年度の4.6％から改善しました。

h. 株主資本当社株主に帰属する当期純利益率

株主資本利益率（当社株主に帰属する当期純利益を前年度末及び当年度末の株主資本平均で除した割合）は，当連結会計年度では8.1％です。増益による利益剰余金の増加や円安による為替換算調整額の増加に伴い株主資本は増加しましたが，当期純利益も増加し，前連結会計年度の7.9％から改善しました。

i. 有利子負債依存度

当社はフェーズⅥにてキャッシュ・フロー経営の徹底を重点項目の一つとしており，財務基盤の再強化を進めています。当連結会計年度では東芝メディカルシステムズ（株）（現キヤノンメディカルシステムズ（株））を買収した際の買収資金について，返済を行って1,200億円の圧縮を行っています。一方で，運転資金の増加に伴い短期借入金が増加しました。その結果，当連結会計年度における短期借入金，短期オペレーティングリース負債，長期借入金，及び長期オペレーティングリース負債は，前連結会計年度末の3,210億円から964億円増加し4,174億円となり，有利子負債依存度（総資産に対する有利子負債の割合）で表すと8.2％になります。前連結会計年度の6.8％からは増加となりましたが，財務基盤は安定しております。

j. 株主資本比率

株主資本比率（株主資本を総資産で除した割合）は，当連結会計年度は61.1％となり，前連結会計年度の60.5％から増加いたしました。増益による利益剰余金の増加や，円安によるその他の包括利益累計額の増加等のため純資産が増加したことなどにより株主資本比率は0.6％好転し，引き続き高い財務基盤を維持しております。

⑥　知的財産戦略

1.　基本方針

当社は，独自技術で差別化した魅力的な質の高い製品・サービスにより，新市場や新規顧客を開拓する研究開発型企業として発展してきました。知的財産部門は，事業の発展を支援することを重視し，これからの時代を先読みし，10年後，20年後の姿を描き，知的財産戦略を策定・実行しています。

当社の知的財産戦略の基本戦略は下記4つとしております。

1, コアコンピタンス技術に関わる特許を，競争領域において事業を守る特許としてライセンスせず，競争優位性の確保に活用する。

2, 通信，GUIなどの汎用技術に関わる協調領域の特許をクロスライセンスなどに利用することで，研究開発や事業の自由度を確保する。

3, 他社の知的財産権を尊重する。一方でキヤノンの知的財産権の侵害に対しては毅然と対応する。

4, 他社が容易に到達できない検証困難な発明は，ノウハウとして秘匿し守ることで，他社の追従を許さず，競争優位性を確保する。

2. 管理体制

　　当社では，当社の知的財産法務本部と各グループ会社の知的財産部門との間で，知的財産の取り扱いに関する役割と責任，活動方針の策定プロセスなどを取り決めたグローバルマネジメントルールを策定しています。

　　これにより，当社全体の知的財産活動を統制し，特許ポートフォリオの最適化を図りつつ，必要に応じて協働で訴訟やライセンス活動を行うことにより，利益の最大化を図っています。

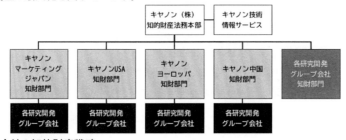

3. 全社の知的財産戦略

特許ポートフォリオ

　　当社は，さまざまな環境変化から次の時代の社会や経済の流れを読み取り，知的財産戦略を策定・実行しています。事業のコアコンピタンスに関わる知的財産権の取得はもちろんのこと，これからのビジネスの流れを先取りした知的財産権の取得にも大きなリソースを投入しています。

　　半導体や希少材料のサプライチェーン問題，エネルギーや食料の自給需要，

環境配慮要請といった社会変化，3次元空間の映像化に対する顧客ニーズなどを踏まえ，需要が高まる製品・サービス，注目度が高まる技術を予見し，知的財産権の取得にあたっての注力分野と出願国を決定しています。また，製品やサービスの実施に不可欠となる標準技術へも投資をし，さまざまな業種の企業との交渉にも備えています。このようにして構築した知的財産ポートフォリオを保有することにより，競争優位性の確保と将来事業の自由度の確保を両立させています。

　当社は，全世界で特許・実用新案を約8万3千件保有しています（2022年12月現在）。日本国内はもとより海外での特許取得も重視しており，地域ごとの事業戦略や技術・製品動向を踏まえた上で特許の権利化を推進しています。特に米国は，世界最先端の技術をもつ企業が多く市場規模も大きいことから，米国での特許出願については，事業拡大，技術提携の双方の視点から注力しており，米国の特許登録件数ランキングは37年連続で5位以内を維持しています。

オピニオンリーダーとしての活動

　当社は，日本の産業の振興，ひいては世界の産業の振興への貢献をめざし，知的財産の業界をリードする活動を積極的に行っています。2014年には，LOT（License on Transfer）ネットワークを他社とともに設立し，自らは事業を行わず特許訴訟を脅しに利益を得るPAE（Patent Assertion Entity）による不当な特許訴訟から会員企業を守る仕組みを構築しました。2023年2月時点で2,800社以上が会員企業になっています。2020年には，発起人としてさまざまな業界に働きかけを行い，「COVID-19と戦う知財宣言」を立ち上げ，新型コロナウイルス感染症の早期収束を支援しています。また，2019年より，世界知的所有権機関（WIPO）が運営する，環境技術の活用を促進するためのプラットフォームであるWIPO GREENにパートナーとして参加し，WIPOと協力して環境技術の普及を行っています。さらに，各国特許庁の長官と意見交換を行い，よりよい知的財産システム（環境／制度／施策）の確立に貢献しています。

4. 産業グループ別の知的財産戦略

　当社は，グローバル優良企業グループ構想フェーズVIにおいて，プリンティ

ング，イメージング，メディカル，インダストリアルの各グループの事業競争力の強化を図る一方，ボリュメトリックビデオ，XRなどの次世代イメージング，次世代ヘルスケア，スマートモビリティなど将来のビジネス創出にも力を入れています。知的財産部門は，これらの事業が発展・成長するために，光学技術，映像処理・解析技術などのコアコンピタンス技術，AI・IoTを組み入れたサイバー＆フィジカルシステムに欠かせない技術などに関する知的財産の創出・権利化に力を入れています。

Ⅰ．プリンティンググループ

プリントエンジン，材料，キーコンポーネント等のプリンター本体に関する次世代コア技術の特許網を強化しています。併せて，在宅ユーザー，シェアオフィスユーザーを含む多様な顧客へと提供される様々なソリューション技術の特許網を構築することでプリンターを取り巻く印刷事業全体の差別化を支援し，印刷事業を支える様々なグループ会社との知財連携体制を強化しております。

Ⅱ．イメージンググループ

光学やセンサーなどのコア技術を駆使したミラーレスカメラに加え，ネットワーク技術を融合させることで映像制作やセキュリティ用途のカメラ群へと映像ソリューションを展開しており，これらの特許ポートフォリオを拡充しています。さらにボリュメトリックビデオ，XRなどの3次元空間の映像処理技術，運転支援用カメラに代表されるスマートモビリティ領域など，次世代のエンターテインメントや社会インフラを支える領域でも積極的に知的財産を創出しております。

Ⅲ．メディカルグループ

プレシジョン・メディシン(個別化医療)の提供へと進化するAIソリューション，次世代型検出器搭載CT等，医療現場に次々と提供される新たな価値を創造する技術ポートフォリオを知的財産戦略に展開します。

知的財産活動を通じて，グループ内の技術シナジー実現や国内外研究機関との連携支援，画像診断領域の競争力強化とヘルスケアITや体外診断等への事業領域の拡大に貢献しております。

Ⅳ. インダストリアルグループ

　露光装置，ダイボンダー，OLED製造装置，スパッタリング装置などの分野においては，特許とノウハウによるオープン＆クローズ戦略を実施し，産業機器IoTにも注力しています。

　ナノインプリントリソグラフィ（NIL）では産学官連携やグループ会社連携を利用し，材料技術，要素技術，装置技術から半導体プロセスまで，強靱な特許ポートフォリオを構築しております。

　当社の知的財産活動に関するその他の情報は，当社ウェブサイト（https://global.canon/ja/intellectual- property/）に掲載しております。

⑦　**トレンド情報**

　当社は，プリンティング，イメージング，メディカル，インダストリアルその他の分野において，開発，生産から販売，サービスにわたる事業活動を営んでおります。

Ⅰ. プリンティングビジネスユニット

　当社は，家庭向け，オフィス向け，プロダクションプリント向けのインクジェットプリンター，レーザープリンター，複合機の開発・製造・販売及びメンテナンス，アフターサービスを行うとともに，ソフトウェア及びサービス，ソリューションビジネスを通して顧客に付加価値を提供しています。

　2020年に発売を開始したオフィス向け複合機「imageRUNNER ADVANCE DXシリーズ」，2021年の3シリーズ9モデルに続いて，2022年には4モデルの新製品を発売し，「imageRUNNER ADVANCE DXシリーズ」のラインアップを拡充しました。また，製品の高い信頼性が認められ，独立評価機関として権威あるKeypoint Intelligence社 BLI（Buyers Laboratory）事業部から，最も信頼性の高いA3オフィス複合機ブランドとして選出されました。

　当社は，クラウドにつながることで複合機の機能を拡張するサービスとして，「uniFLOW Online」を提供しています。クラウドサービス連携とセキュリティの強化に加え，コロナ禍以降定着しつつあるオフィスと自宅を組み合わせたハイブリッドワーク環境に向けて，オフィス複合機と家庭用インクジェットプリンター

を「uniFLOW Online」を介して組み合わせた「Hybrid Work Print Standard」の発売を新たに開始し、在宅勤務時でもオフィス同様のセキュリティとプリント管理機能を提供できるようになりました。市場動向に沿って、今後も更なる競争力の維持及び向上に向けて、ますます高度化する顧客の需要に応えるべく、製品群の更なる充実とソリューション対応力の強化を図るとともに、販売力の強化に努めていきます。

プロダクションプリントについては、新たに「imagePRESS V シリーズ」として、高い生産性と堅牢性により大量出力物の短納期化を実現するフラッグシップモデル「imagePRESS V1350」、多種多様な用紙の高速出力により少量多品種印刷ビジネスを支援する「imagePRESS V1000」、オペレーターの作業負荷を軽減するコンパクトな本体サイズの「imagePRESS V900」の3機種を発売しラインアップを一新、様々な商業印刷のニーズに対応しました。加えて、リモート印刷管理アプリケーション「PRISMAremote Manager」との組み合わせにより印刷状況を可視化することで、ダウンタイムの削減にも貢献しています。

大判インクジェットプリンターについて当社は、アート系プロフェッショナルの高い画質要求に応えるべく、新開発した12色の「LUCIA PRO インク」により色の再現性や暗部領域での表現力を大幅に向上させた「imagePROGRAF PRO シリーズ」を提供しています。また、設計事務所などでの図面大量出力から、企業・店舗でのCAD・ポスターなどの大判サイズ出力ニーズに向けて、多様な印刷用途や用紙の適性に応じた高画質プリントを可能にする全5色顔料インク「LUCIA TD」を搭載した「imagePROGRAF TZ/TX/TM/TA シリーズ」を提供しています。さらに業界初となる蛍光インクを搭載し、より明るくやわらかな色再現が可能な「imagePROGRAF GP シリーズ」の提供も2021年より始めています。

ハイエンドのプロダクションインクジェット市場に向けて、当社は業界をリードする連帳プリンターを提供しており、効率的かつ高品質のフルカラー印刷の実現に貢献しています。「ColorStream シリーズ」は、磁気インクやインビジブルインクなどのセキュリティインクを含む、カラーおよびモノクロのトランザクション、トランスプロモ、ダイレクトメール、書籍、およびマニュアルなどの印刷物に対応し、生産性と柔軟性に優れた、モジュール式でカスタマイズ可能な製品で

す。「ProStreamシリーズ」は，オフセット印刷に劣らぬ色再現性と生産性を実現しつつ，デジタル印刷の可変データの多用途性を兼ね備えた，高速で生産性の高い連帳プリンターです。当社が提供する高速カットシート方式のインクジェットプリンター「varioPRINT iX シリーズ」は，これまでの商業印刷のビジネスを大きく変えました。優れた画質と幅広いメディア対応力に，インクジェットの高い生産性と魅力的なコスト効率を兼ね備えています。「varioPRINT iX シリーズ」は，その高い信頼性，生産性，アップタイムによって，より多くの成果物を短時間で生産することができます。最小限の調整とセットアップで，計画的な高速印刷が可能なため，印刷業者は，お客様と合意された納期と価格に基づき，あらゆる成果物に対応し，より多くの利益を上げることができます。

　大判グラフィック市場では，「Colorado」と「Arizona」のブランドの下で独自のUV LEDソリューションを提供しており，クラス最高の生産性と最小のコストを目指しております。このソリューションにより，プロの印刷業者は豊富なグラフィックスと産業用アプリケーションを顧客に提供することが可能となります。「Colorado」における，UVgelテクノロジーが，従来の印刷技術の持つ長所を損ねず，あらゆる妥協を排除した独自のプロセスにより，比類のない生産性を提供しています。UVgel460インクのより柔軟で伸縮性のある配合と，独創的なFLXfinish+テクノロジーという2つの追加テクノロジーのおかげで，幅広いアプリケーションへの印刷を可能にしています。UVgel460インクは，折りたたんだり，曲げたり，包んだりしても画像安定性を発揮します。また，FLXfinish+テクノロジーは，煌びやかなグロス調と高級感漂うマット調の印刷を使い分けることを可能にし，表現の自由度を拡大させることが出来ます。

　家庭用インクジェットプリンターについては，コロナ禍における在宅勤務の増加やオンライン学習や家庭での趣味など自宅で過ごす時間が増える中，新しいライフスタイルのニーズに対応すべく，当社では幅広いラインアップを揃え，より簡単に効率よく，低ランニングコストでプリント・スキャン・コピーを行える商品を提供しています。

　写真や文書印刷に適した「XK110/TS8630」は，お客様のユースシーンに合わせて選択できるUI（ユーザーインターフェース）を採用し，少ない操作でプリン

(point) 財務諸表

この項目では，連結ではなく単体の貸借対照表と，損益計算書の内訳を確認することができる。連結＝単体＋子会社なので，会社によっては単体の業績を調べて連結全体の業績予想のヒントにする場合があるが，あまりその必要性がある企業は多くない。

トやスキャンなどを行えます。文書を多く印刷するユーザーに最適な「G3370/G1330」は，特大容量タンク搭載により，大量印刷と低ランニングコストを実現しました。

　また，ビジネス向けインクジェットプリンターについては，働く場所や働き方の多様化に伴い，オフィス・自宅など幅広いビジネスの現場で，コストを抑えながらビジネス文書や制作物を印刷したいというニーズに対応しました。「GX4030」は低ランニングコストでありながら，高画質なビジネス文書の印刷が可能な全色顔料インクを採用しています。さらに，「GX5030」では，設置場所を選ばない小型化を実現するとともに，低ランニングコストと高い生産性，多様な用紙への対応を実現し，さまざまなビジネスを支援していきます。

　レーザープリンターについては，景気の先行きに対する懸念や金利上昇により，ディーラーやユーザーに在庫を絞る動きがみられています。また，長期的なトレンドとしては，スマートフォン，クラウド環境の普及等でユーザーのプリントスタイルが変化する中，プリント需要の減少による市場全体の成長鈍化が懸念されています。そのような環境下において，より付加価値の高い中高速機，特に複合機の拡販に注力しています。更に，当社は各種の技術的イノベーションにより，顧客との一定期間にわたる契約型ビジネスを推進するなどの競争力強化と顧客価値向上をはかり，数量・シェア拡大を図っていきます。生産面では弊社が生産拠点を有する中国のロックダウンにより，操業度が低下したことや，部品逼迫の影響を受け，プリンター本体供給が一時的に不足する問題も起きています。サプライチェーンの多元化を推進することにより製品の安定供給に努めていきます。

II. イメージングビジネスユニット

　当社は，デジタルカメラと同様に，レンズや様々な関連アクセサリーを製造,販売しております。レンズ交換式デジタルカメラでは，「EOS Rシステム」のさらなるラインアップ拡充としてAPS-Cミラーレスカメラ「EOS R7」「EOS R10」を投入しました。この2機種はAPS-Cサイズのセンサーでありながら，上位機種である「EOS R3」のオートフォーカス被写体検出技術を継承するなど，静止画・動画撮影のあらゆる面で高い性能を備えています。プロやハイアマチュアユーザーによる用途に応じたサブカメラとしての使用や，一眼レフカメラからの買い替え,

エントリー機からのステップアップを促すモデルとして期待しています。レンズ交換式デジタルカメラ市場は各社のミラーレスカメラと交換用レンズの新製品投入により，需要は景気減速の中でも堅調に推移しています。キヤノンとしては，米国，欧州，中国，日本といった主要地域において，引き続き台数シェア1位を獲得しております。

レンズ交換式デジタルカメラにおいては，撮影領域のより一層の拡大を目指し，更なる高画質化，小型・軽量化，動画機能／ネットワーク機能の充実など，最先端の技術をベースとした新しい製品を提供することにより，今後も成長を目指してまいります。

レンズ交換式デジタルカメラ用交換レンズでは，APS-C専用の「RF-Sレンズ」2機種を含む6機種を投入し，RFレンズのラインアップを拡充いたしました。また，EOS Rシリーズカメラ本体との相乗効果もあり，RFレンズの販売が伸長しました。

コンパクトデジタルカメラ市場は全体としては縮小傾向にあるものの，引き続きプレミアムラインを強化し，収益性の向上に努めてまいります。加えて，手軽さや特定シーンでの撮影を求める新たなニーズを掘り起こして撮影領域を拡大していくために，「PowerShot ZOOM」や，「PowerShot PICK」といった新ジャンルのカメラの展開を進めております。

コンパクトフォトプリンターでは，第3四半期に「SELPHY CP1500」を発売しました。「SELPHY」は，簡単な操作性・優れた携帯性・高画質プリント・高耐久性という強みを持ち合わせ，各地域で高いプレゼンスを維持しております。今後更に新規需要を開拓し，市場を牽引してまいります。

また，新規事業として，現実映像とCGをリアルタイムに融合するMR（Mixed Reality：複合現実）の事業にも取り組んでおります。21年に小型軽量モデルの「MREAL S1」，22年に広視野角モデル「MREAL X1」を投入し，製造業をはじめとして幅広い分野に3Dデータを活用したソリューションを提供してまいります。

ネットワークカメラでは，カメラの映像を利用した課題解決型の導入形態が定着してきています。国内では製造業向けソリューションが好調で，世界的な生産・物流の混乱の中でも堅調に売上げを伸ばしています。2022年は，性能を大幅に強化した「VB-H47」をはじめとするカメラ6機種を発売しました。暗所や逆光の

ような明暗差がある環境下でも鮮明な映像を撮影できるため，映像解析ソフトウェアと組み合わせたシーンにおいて解析精度の向上に寄与します。また，ネットワークカメラをAIカメラ化するmicroSDカード型ハードウェアの「AIアクセラレーター AS-AN11」と専用映像解析アプリケーション「侵入検知」，「駐車検知」，「映像変化検知」の3種類を2022年12月から国内市場に向けて順次発売を開始しました。解析専用のサーバーやクラウドが不要となり，初期投資やランニングコストを抑えたシンプルなシステム構築が可能となります。

　高度監視市場向け製品は，暗闇でもカラー動画の撮影ができる超高感度性能により，港湾監視などの厳しい要件に応えることができ，順調に販売を伸ばしています。

　当社は，2015年にネットワークカメラ業界最大手のアクシス社をグループに迎えました。2022年には，約130の新製品を発売し，4つの新しいアクシスエクスペリエンスセンター（AEC）を開設するなど，力強い成長を見せました。よりお客様の身近になることを目的とし，現在，世界中に34ものAECを保有しています。

　産業向けには，DX推進のために新しい3つの映像ソリューションを提供しています。1.カメラを用いて周囲環境の3次元情報と位置姿勢を同時に推定する「Visual SLAM技術」を含む映像解析ソフトウェア「Vision-based Navigation Software」のAGV（Automated Guided Vehicle）をメーカーへ提供しています。物流分野のみならず今後応用範囲拡大を目指します。2.ネットワークカメラを活用した映像解析ソフトウェア「Vision Editionシリーズ」において，画像処理性能の向上や外部機器・AIとの連携強化を実現した新製品「Vision Edition 2」を発売いたしました。より柔軟で簡易なシステム構築を可能とすることで，多様化・高度化する現場作業の生産性向上ニーズに応えてまいります。3.画像を用いた橋梁やトンネルの点検においては，これまでAI技術によるひび割れの検知をBPOサービスとして請け負って参りましたが，新たにクラウドサービスの提供を開始しました。

　業務用映像制作市場では，OTT＊1配信での視聴拡大による大量かつ質の高いコンテンツや，ストリーミング・ネット動画の普及による動画コンテンツへの需

要が継続しており，「映像クリエーター」といったユーザーの台頭を確認できます。また，企業・教育などでのインハウス制作といった，これまでと異なる市場の立ち上がりも確認出来ます。映像制作において，制作機器の小型軽量化，制作の効率化，省人化の需要は引き続き見受けられます。スポーツや音楽ライブ等を中継する放送ライブ市場では，コロナ禍で停滞していた各種イベントの復活から機材投資の継続が見受けられ，また大判センサーを活用した浅い被写界深度の映像表現の潮流が現れ始めています。その中で当社は，動画・静止画の両方に高性能を求めるユーザー向けに小型・軽量ボディと8K・RAW内蔵記録を実現した「EOS R5C」，映像制作の効率化の需要を受けてフレキシブルにサポートするフルサイズ対応シネマズームレンズ「CN-E20-50mm」，「CN-E45-135mm」，収録からライブ中継まで幅広く活用可能なシネサーボレンズ「CN8x15」，ライブ制作で大判カメラの運用性を高める機能拡張ユニット「EU-V3」，映像制作用4Kリモートカメラ最上位モデル「CR-N700」の市場導入を行ってきました。更に映像ソリューションにおいては，スポーツ中継，エンターテインメント，CMなどでの新しい映像表現，メタバースへのデータ活用など，市場拡大が見込まれる「ボリュメトリックビデオ」での事業創出にも取り組んでまいります。今後も市場の変化を捉えた商品・ソリューションを投入することで，映像制作における幅広いプロのニーズに応え，映像文化の発展に貢献していきます。

※1　オーバーザトップの略。これまで地上波放送，衛星，ケーブルテレビ等で提供されていた映像コンテンツを，インターネットを介して視聴者に直接提供するメディアサービス。

Ⅲ．メディカルビジネスユニット

　当社は，疾病の早期発見，早期診断のためCT，MRI，超音波診断装置，X線診断装置などの画像診断装置や検査機器，ヘルスケアITソリューションを開発，製造し，世界150以上の国や地域に提供しております。患者さんに優しく確信度の高い医療の提供に貢献するとともに，医療の効率化，コスト削減を実現する医療システム・サービスをお届けします。

　システム事業では，AIソリューションブランド「Altivity」のもと，医療現場で培われた多くの知慧やノウハウを集結して予防・診断・治療・予後のワークフロー全体を効率化し，より質の高い医療を実現するためにAIを活用した医療への取り組みを進めています。長きにわたり日本でトップシェアを堅持しているCTで

は，先進のAI自動化技術でCT検査をサポートする新世代の80列160スライスCT「Aquilion Serve」の販売を開始，MRIにおいても画像クオリティーを引き上げるディープラーニングを用いた「Advanced intelligent Clear-IQ Engine（AiCE）」を標準搭載し，複雑な検査段階をアシストする高性能で使いやすい1.5テスラMRI「Vantage Fortian」を市場に投入しました。CT，MRIとも当社製のカメラを搭載し患者さんの体位を検出することで撮影時間の短縮と簡便化を実現しています。また，コンパクトなボディにAIを用いて開発したアプリケーションを搭載することで効率の高いワークフローを実現した超音波診断装置の新製品「Aplio flex / Aplio go」は国内から販売を開始し，順次，販売地域を拡大しております。

　当社は先般，米国に新会社「Canon Healthcare USA, INC.」を設立することを決定しました。メディカル市場において影響力の大きい米国での事業強化を図ることで事業全体の成長を加速します。アップストリームマーケティング機能の一部を新会社に移管し，米国キーオピニオンリーダーとのネットワークを構築することで，臨床ニーズをとらえた製品開発・ソリューション提案につなげます。また，11月にレドレン・テクノロジー社の技術を活用したフォトンカウンティング検出器搭載型X線CT（以下PCCT）を国立研究開発法人国立がん研究センター（以下国立がん研究センター）に設置し，実用化に向けた共同研究を開始しました。さらには米国医療機関ともPCCT共同研究を開始し，早期にCTの世界シェアNo.1の達成を目指します。

Ⅳ．インダストリアルビジネスユニット

　半導体露光装置市場では，新型コロナウイルスの影響による長期的な景気回復時期の不透明感に加え，貿易摩擦激化による投資への影響等が懸念されてきましたが，その影響は軽微に留まり，ロジックやセンサー向けを中心に露光装置の設備投資は堅調に推移しました。後工程露光装置の市場では，半導体チップの高集積化・薄型化への要求の高まりを受け，TSV（Through-Silicon Via）技術等によるメモリーの大容量化やウェハレベルパッケージング化などへの設備投資が伸長しました。

　当社では，多様化する半導体アプリケーションに柔軟に対応するため，顧客要望を製品開発の初期段階から反映させる「デザインイン」型のビジネススタイルが

定着しております。高付加価値製品の開発も順調に進んでおり，急速に普及が進むIoT（Internet of Things）や車載デバイスなど幅広い分野に向けた製品を展開しております。メモリー向けでは，業界最高水準の生産性と重ね合わせ精度を実現したKrFスキャナー「FPA-6300ES6a」，ならびにi線ステッパー「FPA-5550iZ2」の継続的なアップグレードで，更なる市場シェアの拡大を目指してまいります。また，市場で稼働中の露光装置に対するサービスを充実化するためのソリューションプラットフォーム「Lithography Plus」をリリースしました。装置のリアルタイム分析，異常時の自動復旧，最適な製造条件提案等，当社の露光装置を導入しているユーザーの生産性向上に貢献してまいります。ナノインプリントリソグラフィ（NIL）半導体製造装置は，メモリーデバイスの量産展開に向けた準備を加速するとともに，様々なメーカーと共同開発を行い，NILの適用範囲拡大に向けた活動も進めております。

　FPD露光装置市場は，新型コロナウイルス特需の終焉に加え，世界的なインフレや景気減速等により急激に縮小しています。これに伴い，顧客投資計画は一時的に延伸しておりますが，PCやタブレット等の有機ELパネル化需要は旺盛で，2023年後半から2024年初めには市場が回復すると見込んでおります。

　薄型の普及が進むパネル市場は今後，大型化，4K/8Kの高精細化に加え，有機ELに代表される高品位なディスプレイに移行していくと予想されています。当社は，高品位な65型パネルを一括露光することにより高い生産性を実現する第8世代ガラス基板向け露光装置「MPAsp-H1003T」，ならびに中小型ディスプレイ製造の更なる高精細化ニーズに応える第6世代ガラス基板向け露光装置「MPAsp-E903T」により，更なる市場シェア拡大を目指してまいります。また，オンライン会議や教育の普及によりニーズが高まったノートPC・タブレットなどのIT機器用ディスプレイに対応するため，高生産性と高精細化を両立したIT機器用ディスプレイ向け露光装置「MPAsp-H1003H」をラインアップに加え，市場ニーズに応えてまいります。

　有機ELパネル製造装置市場においては，当社が圧倒的シェアを持つ中小型パネル向け有機EL蒸着装置の競争力を堅持するとともに，大型パネル向け装置の開発を進めてまいります。

設備の状況

1 設備投資等の概要

　当連結会計年度の設備投資については，研究開発拠点整備，生産技術の強化，高付加価値製品の生産体制充実を主目的に幅広く投資を実施いたしました。この結果，当連結会計年度の設備投資総額は156,593百万円となりました。

　なお，重要な設備の売却，撤去または滅失はありません。

セグメントの名称	設備投資金額(百万円)	主な設備投資の目的・内容
プリンティングビジネスユニット	63,583	生産設備の拡充
イメージングビジネスユニット	16,816	生産設備の拡充
メディカルビジネスユニット	11,607	生産設備の拡充
インダストリアルビジネスユニット	13,305	生産設備の拡充
その他及び全社	51,282	研究開発拠点整備及び管理業務用設備の合理化並びに拡充
合計	156,593	

(注) 上記金額に消費税等は含まれておりません。

2 主要な設備の状況

　当連結会計年度末現在における当グループの主要な設備の状況は次のとおりであります。

（1）　提出会社の状況 ···

事業所名 （所在地）	セグメントの名称	設備の内容	帳簿価額（百万円）				従業員数 （人）
			土地 （面積㎡）	建物及び 構築物	機械装置 及び その他資産	合計	
本社 （東京都大田区）	プリンティング、イメージング、メディカル、インダストリアル、その他及び全社	研究開発用設備及び管理業務用設備	36,986 (115,201)	48,558	3,566	89,110	6,363
取手事業所 （茨城県取手市）	プリンティング	生産設備	1,156 (259,957)	19,633	9,045	29,834	4,836
阿見事業所 （茨城県稲敷郡阿見町）	インダストリアル	同上	1,409 (126,586)	6,189	713	8,311	360
宇都宮事業所 （栃木県宇都宮市）	イメージング、インダストリアル	研究開発用設備及び生産設備	11,845 (441,443)	19,065	11,357	42,267	4,255
富士裾野リサーチパーク （静岡県裾野市）	プリンティング	研究開発用設備	10,276 (275,780)	6,857	1,025	18,158	979
綾瀬事業所 （神奈川県綾瀬市）	その他及び全社	研究開発用設備及び生産設備	4,518 (50,549)	2,513	787	7,818	260
矢向事業所 （神奈川県川崎市幸区）	プリンティング	研究開発用設備	12,732 (42,404)	12,663	1,735	27,130	2,246
川崎事業所 （神奈川県川崎市幸区）	プリンティング、イメージング、その他及び全社	研究開発用設備及び生産設備	24,350 (114,732)	38,018	6,091	68,459	4,214
平塚事業所 （神奈川県平塚市）	その他及び全社	同上	6,068 (67,241)	13,199	17,543	36,810	205
玉川事業所 （神奈川県川崎市高津区）	同上	管理業務用設備	298 (18,330)	6,082	173	6,553	251
大分事業所 （大分県大分市）	同上	研究開発用設備及び生産設備	1,211 (103,365)	10,421	2,440	14,072	233

(2) 国内子会社の状況 ···

2022年12月31日現在

会社名 (所在地)	事業所名 (所在地)	セグメントの名称	設備の内容	帳簿価額（百万円）				従業員数 (人)
				土地 (面積㎡)	建物及び 構築物	機械装置 及び その他資産	合計	
キヤノン プレシジョン㈱ (青森県弘前市)	本社北和徳事業所 (青森県弘前市)	プリンティング、 その他及び全社	生産設備	694 (60,024)	5,470	747	6,911	845
	北和徳第二事業所 (青森県弘前市)	同上	同上	1,574 (87,782)	3,712	1,934	7,220	1,002
福島キヤノン㈱ (福島県福島市)	同左	プリンティング	同上	659 (126,796)	10,612	1,823	13,094	1,595
キヤノンメディカ ルシステムズ㈱ (栃木県大田原市)	本社 (栃木県大田原市)	メディカル	同上	2,175 (261,205)	6,943	6,452	15,570	2,534
キヤノン・ コンポーネンツ㈱ (埼玉県児玉郡 上里町)	同左	プリンティング、 メディカル、その 他及び全社	同上	1,561 (49,131)	7,181	2,560	11,302	1,020
キヤノンエコロジ ーインダストリー ㈱ (茨城県坂東市)	同左	プリンティング	同上	1,898 (132,224)	6,511	429	8,838	537
キヤノン化成㈱ (茨城県つくば市)	岩間事業所 (茨城県笠間市)	同上	同上	3,441 (118,259)	5,676	2,244	11,361	891
キヤノン電子㈱ (埼玉県秩父市)	赤城事業所 (群馬県利根郡 昭和村)	プリンティング、 その他及び全社	同上	4,929 (264,028)	2,184	1,215	8,328	248
キヤノンファイン テックニスカ㈱ (埼玉県三郷市)	本社 (埼玉県三郷市)	プリンティング	研究開発用設備 及び管理業務用 設備	6,330 (21,659)	2,519	136	8,985	680
キヤノンマーケ ティングジャパン ㈱ (東京都港区)	本社 (東京都港区)	プリンティング、 イメージング、イ ンダストリアル、 その他及び全社	管理業務用設備	17,319 (5,119)	9,632	5,153	32,104	2,774
キヤノンアネルバ ㈱ (神奈川県川崎市 麻生区)	本社 (神奈川県川崎市 麻生区)	インダストリアル	生産設備	4,413 (28,887)	3,743	1,074	9,230	672
長浜キヤノン㈱ (滋賀県長浜市)	同左	プリンティング、 インダストリアル	同上	6,574 (215,572)	3,147	3,514	13,235	1,064
大分キヤノン㈱ (大分県国東市)	本社安岐事業所 (大分県国東市)	イメージング	同上	851 (159,362)	6,060	1,243	8,154	1,494
	大分事業所 (大分県大分市)	同上	同上	4,364 (348,153)	12,411	2,885	19,660	1,276
	日田事業所 (大分県日田市)	同上	同上	5,182 (366,975)	3,793	520	9,495	167
大分キヤノン マテリアル㈱ (大分県杵築市)	本社杵築事業所 (大分県杵築市)	プリンティング	同上	2,283 (172,287)	3,682	386	6,351	266
	大分事業所 (大分県大分市)	同上	同上	3,235 (276,781)	16,349	3,637	23,221	1,238
長崎キヤノン㈱ (長崎県東彼杵郡 波佐見町)	同左	イメージング	同上	2,680 (204,403)	3,278	392	6,350	772
宮崎キヤノン㈱ (宮崎県児湯郡 高鍋町)	同左	同上	同上	1,687 (265,952)	11,905	823	14,415	963

（3） 在外子会社の状況 ··

会社名 （所在地）	セグメントの名称	設備の内容	帳簿価額（百万円）				従業員数 （人）
			土地 （面積㎡）	建物及び 構築物	機械装置 及び その他資産	合計	
Canon Europa N. V. (Amstelveen, The Netherlands)	プリンティング、イ メージング、インダ ストリアル、その他 及び本社	管理業務用設備	1,316 (79,981)	694	995	3,005	543
Canon Production Printing Netherlands B. V. (Venlo, The Netherlands)	プリンティング	研究開発用設備及 び生産設備	1,387 (627,548)	10,620	9,296	21,303	1,814
Canon Production Printing Germany GmbH & Co. KG (Poing, Germany)	同上	生産設備	5,078 (243,367)	2,639	4,262	11,979	902
Canon U. S. A., Inc. (New York, U. S. A.)	プリンティング、イ メージング、インダ ストリアル、その他 及び本社	管理業務用設備	16,701 (591,812)	22,729	2,578	42,008	1,773
Canon Virginia, Inc. (Virginia, U. S. A.)	プリンティング、イ メージング	生産設備	2,631 (673,684)	2,214	6,243	11,088	1,078
佳能大連事務機有限公司 (中華人民共和国遼寧省)	プリンティング	同上	— (171,880)	3,389	4,039	7,428	1,271
佳能（蘇州）有限公司 (中華人民共和国江蘇省)	同上	同上	— (319,663)	1,781	6,590	8,371	3,596
佳能（中山）事務機有限 公司 (中華人民共和国広東省)	同上	同上	— (335,195)	15	3,429	3,444	3,262
台湾佳能股份有限公司 (台湾)	イメージング	同上	1,608 (136,686)	11,090	4,631	17,329	4,279
Canon Vietnam Co., Ltd. (Hanoi, Vietnam)	プリンティング	同上	— (600,000)	8,658	7,145	15,803	22,254
Canon Hi-Tech (Thailand) Ltd. (Phra Nakhon Sri Ayutthaya, Thailand)	同上	同上	3,055 (707,728)	12,231	1,906	17,192	9,036
Canon Prachinburi (Thailand) Ltd. (Prachinburi, Thailand)	同上	同上	1,340 (279,884)	6,282	2,931	10,553	7,180
Canon Business Machines (Philippines), Inc. (Batangas, Philippines)	同上	同上	— (300,360)	7,351	393	7,744	3,934

（注）1 「機械装置及びその他資産」は，機械及び装置，車両運搬具，工具，器具及び備品，建設仮勘定並
　　　　びにファイナンスリースであります。

　　　2 上記金額は，グループ内で賃借している資産分を含んでおります。

　　　3 上記金額に消費税等は含まれておりません。

　　　4 佳能大連事務機有限公司，佳能（蘇州）有限公司，佳能（中山）事務機有限公司，Canon Vietnam
　　　　Co.,Ltd.，Canon Business Machines（Philippines），Inc.の土地及び佳能（中山）事務機有限公司の
　　　　建物は，連結会社以外から賃借しております。

3　設備の新設、除却等の計画

　当社グループは，多様な事業を国内外で行っており，期末時点においてその設備の新設及び拡充の計画を個々のプロジェクト単位で決定しておりません。このため，セグメントごとの数値を開示する方法によっております。当社グループの，2022年12月31日現在において計画している当連結会計年度後1年間の設備投資計画（新設・拡充）は次のとおりであります。

セグメントの名称	設備投資計画金額（百万円）	主な設備投資の目的・内容
プリンティングビジネスユニット	72,300	生産設備の拡充
イメージングビジネスユニット	19,800	生産設備の拡充
メディカルビジネスユニット	15,300	生産設備の拡充
インダストリアルビジネスユニット	14,300	生産設備の拡充
その他及び全社	88,300	研究開発設備及び管理業務用設備の合理化並びに拡充
合計	210,000	

（注）1　上記計画に伴う所要資金は，自己資金により賄う予定であります。

　　　2　経常的な設備更新のための除売却を除き，重要な設備の除売却の計画はありません。

■ 提出会社の状況

1 株式等の状況

(1) 株式の総数等 ···

① 株式の総数

種類	発行可能株式総数（株）
普通株式	3,000,000,000
計	3,000,000,000

② 発行済株式

種類	事業年度末現在発行数（株）（2022年12月31日）	提出日現在発行数（株）（2023年3月30日）	上場金融商品取引所名又は登録認可金融商品取引業協会名	内容
普通株式	1,333,763,464	1,333,763,464	東京、名古屋、福岡、札幌	権利内容に何ら限定のない当社における標準となる株式であり、単元株式数は100株であります。
計	1,333,763,464	1,333,763,464	－	－

（注） ニューヨーク証券取引所については，2023年2月24日に上場廃止の申請を行い，同年3月6日に上場廃止となっております。

■ 経理の状況

1. 連結財務諸表及び財務諸表の作成方法について ‥‥‥‥‥‥‥‥‥‥‥‥

（1）　当社の連結財務諸表は，「連結財務諸表の用語，様式及び作成方法に関す
る規則」（昭和51年大蔵省令第28号。以下「連結財務諸表規則」という。）第
95条の規定により，米国において一般に公正妥当と認められる企業会計の基
準による用語，様式及び作成方法に基づいて作成しております。

（2）　当社の財務諸表は，「財務諸表等の用語，様式及び作成方法に関する規則」
（昭和38年大蔵省令第59号。以下「財務諸表等規則」という。）に基づいて作
成しております。

　　　当社は，特例財務諸表提出会社に該当し，財務諸表等規則第127条の規定
により財務諸表を作成しております。

2. 監査証明について ‥‥‥‥‥‥‥‥‥‥‥‥‥‥‥‥‥‥‥‥‥‥‥‥‥‥‥

　　当社は，金融商品取引法第193条の2第1項の規定に基づき，連結会計年度
（2022年1月1日から2022年12月31日まで）の連結財務諸表及び事業年度（2022
年1月1日から2022年12月31日まで）の財務諸表について，有限責任監査法
人トーマツにより監査を受けております。

3. 連結財務諸表等の適正性を確保するための特段の取組みについて ‥‥‥‥

　　当社は，連結財務諸表等の適正性を確保するための特段の取組みを行っており
ます。具体的には，会計基準等の内容を適切に把握し，または会計基準等の変更
等について的確に対応するため，米国証券取引委員会，米国財務会計基準審議
会及び公益財団法人財務会計基準機構等から情報の収集を行い，適正性の確保に
努めております。

（1） 連結財務諸表

① 連結貸借対照表

区分	注記番号	第121期 (2021年12月31日) 金額（百万円）	構成比 （%）	第122期 (2022年12月31日) 金額（百万円）	構成比 （%）
（資産の部）					
I　流動資産					
1　現金及び現金同等物	注1,22	401,395		362,101	
2　短期投資	注2,22	3,377		10,905	
3　売上債権	注3	522,432		636,803	
4　棚卸資産	注4	650,568		808,312	
5　短期リース債権	注1,6	121,324		137,038	
6　前払費用及び 　　　その他の流動資産	注15,18,22	193,165		215,990	
7　信用損失引当金	注3,6	△13,916		△15,235	
流動資産合計		1,878,345	39.5	2,155,914	42.3
II　長期債権	注20	16,388	0.3	12,996	0.3
III　投資	注2,22	60,967	1.3	65,128	1.3
IV　有形固定資産	注5	1,041,403	21.9	1,035,065	20.3
V　オペレーティングリース 　　使用権資産	注19	95,791	2.0	117,843	2.3
VI　無形固定資産	注7,8	301,793	6.4	280,995	5.5
VII　のれん	注7,8	953,850	20.1	972,626	19.1
VIII　長期リース債権	注1,6	225,300	4.7	279,332	5.5
IX　その他の資産	注11,12	179,420	3.8	179,297	3.5
X　信用損失引当金	注6	△2,369	△0.0	△3,666	△0.1
資産合計		4,750,888	100.0	5,095,530	100.0

区分	注記番号	第121期 (2021年12月31日) 金額（百万円）	構成比 (%)	第122期 (2022年12月31日) 金額（百万円）	構成比 (%)
（負債の部）					
I 流動負債					
1 短期借入金及び1年以内に返済する長期債務合計	注9, 21	44,891		296,384	
金融サービスに係る短期借入金		42,300		41,200	
その他の短期借入金及び1年以内に返済する長期債務		2,591		255,184	
2 買入債務	注10	338,604		355,930	
3 未払法人税等	注12	43,081		48,414	
4 未払費用	注11, 20	323,929		365,847	
5 短期オペレーティングリース負債	注19	30,945		33,281	
6 その他の流動負債	注5, 15, 18, 22	279,383		265,497	
流動負債合計		1,060,833	22.3	1,365,353	26.8
II 長期債務	注9, 21	179,750	3.8	2,417	0.0
III 未払退職及び年金費用	注11	248,467	5.2	189,215	3.7
IV 長期オペレーティングリース負債	注19	65,385	1.4	85,331	1.7
V その他の固定負債	注12, 15	98,024	2.1	104,184	2.1
負債合計		1,652,459	34.8	1,746,500	34.3
（純資産の部）					
I 株主資本					
1 資本金		174,762	3.7	174,762	3.4
（発行可能株式総数）		(3,000,000,000)		(3,000,000,000)	
（発行済株式総数）		(1,333,763,464)		(1,333,763,464)	
2 資本剰余金	注13	403,119	8.5	404,838	7.9
3 利益剰余金	注13				
利益準備金		68,015		64,509	
その他の利益剰余金		3,538,037		3,664,735	
利益剰余金合計		3,606,052	75.9	3,729,244	73.3
4 その他の包括利益（損失）累計額	注14	△151,794	△3.2	62,623	1.2
5 自己株式		△1,158,366	△24.4	△1,258,362	△24.7
（自己株式数）		(287,991,705)		(318,250,096)	
株主資本合計		2,873,773	60.5	3,113,105	61.1
II 非支配持分		224,656	4.7	235,925	4.6
純資産合計		3,098,429	65.2	3,349,030	65.7
負債及び純資産合計		4,750,888	100.0	5,095,530	100.0

② 連結損益計算書及び連結包括利益計算書

連結損益計算書

区分	注記番号	第121期 (2021年1月1日から 2021年12月31日まで) 金額（百万円）	第121期 百分比 (%)	第122期 (2022年1月1日から 2022年12月31日まで) 金額（百万円）	第122期 百分比 (%)
Ⅰ　売上高	注6, 14, 15, 18				
1　製品売上高		2,804,680		3,231,837	
2　サービス売上高		708,677		799,577	
合計		3,513,357	100.0	4,031,414	100.0
Ⅱ　売上原価	注5, 8, 11, 19				
1　製品売上原価		1,552,766		1,828,555	
2　サービス売上原価		332,799		375,057	
合計		1,885,565	53.7	2,203,612	54.7
売上総利益		1,627,792	46.3	1,827,802	45.3
Ⅲ　営業費用	注1, 5, 8, 11, 14, 16, 19, 20				
1　販売費及び一般管理費		1,058,536	30.1	1,167,673	28.9
2　研究開発費		287,338	8.2	306,730	7.6
合計		1,345,874	38.3	1,474,403	36.5
営業利益		281,918	8.0	353,399	8.8
Ⅳ　営業外収益及び費用					
1　受取利息及び配当金		2,232		5,177	
2　支払利息		△647		△1,046	
3　その他－純額	注1, 2, 7, 11, 14, 18	19,203		△5,090	
合計		20,788	0.6	△959	△0.1
税引前当期純利益		302,706	8.6	352,440	8.7
Ⅴ　法人税等	注12	71,866	2.0	92,356	2.2
非支配持分控除前 当期純利益		230,840	6.6	260,084	6.5
Ⅵ　非支配持分帰属損益		16,122	0.5	16,123	0.4
当社株主に帰属する 当期純利益		214,718	6.1	243,961	6.1
1株当たり当社株主に 帰属する当期純利益	注17				
基本的		205.35円		236.71円	
希薄化後		205.29円		236.63円	

連結包括利益計算書

区分	注記番号	第121期 (2021年1月1日から 2021年12月31日まで) 金額（百万円）	第122期 (2022年1月1日から 2022年12月31日まで) 金額（百万円）
Ⅰ 非支配持分控除前当期純利益		230,840	260,084
Ⅱ その他の包括利益（損失） －税効果調整後	注14		
1 為替換算調整額		120,439	186,563
2 未実現有価証券評価損益		−	△34
3 金融派生商品損益		△972	449
4 年金債務調整額		56,508	29,897
合計		175,975	216,875
当期包括利益（損失）		406,815	476,959
Ⅲ 非支配持分帰属当期包括利益		19,102	18,581
当社株主に帰属する 当期包括利益（損失）		387,713	458,378

③ 連結資本勘定計算書

第121期（2021年1月1日から2022年12月31日まで）

（単位　百万円）

区分	注記番号	資本金	資本剰余金	利益剰余金			その他の包括利益（損失）累計額	自己株式	株主資本	非支配持分	純資産合計
				利益準備金	その他の利益剰余金	利益剰余金合計					
2020年12月31日現在残高		174,762	404,620	69,436	3,409,371	3,478,807	△324,789	△1,158,369	2,575,031	209,010	2,784,041
非支配持分との資本取引及びその他			△62						△62	1,725	1,663
当社株主への配当金 （1株当たり85.00円）					△88,891	△88,891			△88,891		△88,891
非支配持分への配当金										△5,181	△5,181
利益準備金への振替			△1,429	△1,421	2,850	1,429			－		－
包括利益	注14										
1．当期純利益					214,718	214,718			214,718	16,122	230,840
2．その他の包括利益（損失） 　－税効果調整後											
（1）為替換算調整額							119,165		119,165	1,274	120,439
（2）未実現有価証券評価損益											
（3）金融派生商品損益							△994		△994	22	△972
（4）年金債務調整額							54,824		54,824	1,684	56,508
当期包括利益（損失）									387,713	19,102	406,815
自己株式の取得及び処分			△10		△11	△11		3	△18		△18
2021年12月31日現在残高		174,762	403,119	68,015	3,538,037	3,606,052	△151,794	△1,158,366	2,873,773	224,656	3,098,429

第122期（2022年1月1日から2023年12月31日まで）

（単位　百万円）

区分	注記番号	資本金	資本剰余金	利益剰余金			その他の包括利益（損失）累計額	自己株式	株主資本	非支配持分	純資産合計
				利益準備金	その他の利益剰余金	利益剰余金合計					
2021年12月31日現在残高		174,762	403,119	68,015	3,538,037	3,606,052	△151,794	△1,158,366	2,873,773	224,656	3,098,429
非支配持分との資本取引及びその他			298	△4,538	4,536	△2			296	△1,151	△855
当社株主への配当金（1株当たり115.00円）					△119,326	△119,326			△119,326		△119,326
非支配持分への配当金										△6,161	△6,161
利益準備金への振替			1,432	1,032	△2,464	△1,432			－		
包括利益	注14										
1．当期純利益					243,961	243,961			243,961	16,123	260,084
2．その他の包括利益（損失）－税効果調整後											
（1）為替換算調整額							185,768		185,768	795	186,563
（2）未実現有価証券評価損益							△34		△34		△34
（3）金融派生商品損益							466		466	△17	449
（4）年金債務調整額							28,217		28,217	1,680	29,897
当期包括利益（損失）									458,378	18,581	476,959
自己株式の取得及び処分			△11		△9	△9		△99,996	△100,016		△100,016
2022年12月31日現在残高		174,762	404,838	64,509	3,664,735	3,729,244	62,623	△1,258,362	3,113,105	235,925	3,349,030

④ 連結キャッシュ・フロー計算書

（単位　百万円）

区分	注記番号	第121期 （2021年1月1日から 2021年12月31日まで） 金額（百万円）	第122期 （2022年1月1日から 2022年12月31日まで） 金額（百万円）
I 営業活動によるキャッシュ・フロー			
1 非支配持分控除前当期純利益		230,840	260,084
2 営業活動によるキャッシュ・ 　フローへの調整			
減価償却費		221,246	226,492
固定資産売廃却損益		7,745	△6,458
法人税等繰延税額		△9,826	△7,800
売上債権の減少（△増加）		44,678	△78,203
棚卸資産の増加	注1, 6	△61,017	△108,510
リース債権の増加		△1,075	△30,379
買入債務の増加		52,138	3,293
未払法人税等の増加		24,017	3,472
未払費用の増加（△減少）		△8,673	23,407
未払退職及び年金費用の減少		△41,477	△42,580
その他−純額		△7,568	19,785
営業活動によるキャッシュ・フロー		451,028	262,603
II 投資活動によるキャッシュ・フロー			
1 固定資産購入額	注5	△177,350	△188,527
2 固定資産売却額	注5	3,796	14,733
3 満期保有目的有価証券購入額		△2,216	−
4 満期保有目的有価証券償還額		−	2,151
5 有価証券購入額		△2,162	△21,558
6 有価証券売却額及び償還額		1,714	7,680
7 事業取得額（取得現金控除後）	注7	△31,751	△5,890
8 その他−純額		713	10,591
投資活動によるキャッシュ・フロー		△207,256	△180,820
III 財務活動によるキャッシュ・フロー			
1 長期債務による調達額	注9	175,100	300
2 長期債務の返済額	注9	△347,029	△122,067
3 金融サービスに係る短期借入金の減少額 　−純額	注9	△2,700	△1,100
4 その他の短期借入金の増加（△減少） 　−純額	注9	△175	197,826
5 非支配持分との取引額		1,527	3,700
6 配当金の支払額		△88,891	△119,326
7 自己株式取得及び処分		△17	△100,016
8 その他−純額		△5,181	△6,161
財務活動によるキャッシュ・フロー		△267,366	△146,844
IV 為替変動の現金及び現金同等物への 　影響額		17,305	25,767
V 現金及び現金同等物の純増減額		△6,289	△39,294
VI 現金及び現金同等物の期首残高		407,684	401,395
VII 現金及び現金同等物の期末残高		401,395	362,101

補足情報

年間支払額			
利息		599	994
法人税等		71,573	102,579

注記事項

注1　主要な会計方針についての概要

（1）　連結会計方針　‥‥‥‥‥‥‥‥‥‥‥‥‥‥‥‥‥‥‥‥‥‥‥‥‥‥‥

　　当社は，1969年5月に米国市場において転換社債を発行し，米国預託証券を米国店頭市場に登録したことにより，米国1933年証券法及び米国1934年証券取引所法に基づき，米国会計基準に基づいて作成された連結財務諸表の米国証券取引委員会への提出を開始し，それ以降，継続して年次報告書（Form 20-F）を提出しております。その後，1972年2月にナスダックに米国預託証券を登録し，2000年9月にニューヨーク証券取引所（以下「NYSE」）に上場いたしました。なお，当社は2023年2月24日にNYSEにおける米国預託証券の上場廃止の申請を行い，同年3月6日にNYSEにおける上場を廃止となりました。今後，米国証券取引委員会への登録廃止申請を行う要件を満たした時点で当該申請を行う予定であります。

　　当社の連結財務諸表は，米国会計基準に基づいて作成しております。

　　2021年及び2022年12月31日現在の連結子会社数及び持分法適用関連会社数は以下のとおりであります。

	第121期 2021年12月31日	第122期 2022年12月31日
連結子会社数	329	330
持分法適用関連会社数	10	10
合計	339	340

　　当グループ（当社及びその連結子会社。以下，当該項目では「当社」という。）が採用している会計処理の原則及び手続並びに表示方法のうち，わが国の連結財務諸表原則及び連結財務諸表規則に準拠した場合と異なるもので主要なものは次のとおりであり，金額的に重要性のある項目については，わが国の基準に基づいた場合の税引前純利益に対する影響額を併せて開示しております。

　（イ）　退職給付及び年金制度に関しては，基準書715「給付-退職給付」を適用しており，保険数理計算に基づく年金費用を計上しております。その影響額は，第121期及び第122期においてそれぞれ12,559百万円（利益の増加），9,559百万円（利益の増加）であります。

　（ロ）　新株発行費は税効果調整を行った後，資本剰余金より控除しております。

（ハ）　金融派生商品に関しては，基準書815「金融派生商品とヘッジ取引」を適用しております。

（ニ）　のれん及び耐用年数が確定できないその他の無形固定資産に関しては，基準書350「無形固定資産-のれん及びその他」を適用しており，償却を行わずに少なくとも年1回の減損の判定を行っております。

（ホ）　持分証券に関しては，基準書321「投資-持分証券」を適用しており，原則として公正価値で測定し，その変動を税引前当期純利益に計上しております。

（ヘ）　リースに関しては，基準書842「リース」を適用しており，リース期間にわたるリース料の現在価値に基づいてオペレーティングリース使用権資産及び負債を貸借対照表に計上し，リース費用は，リース期間にわたって定額法で認識しております。

（ト）　勘定科目の組替再表示

　　当社は，第122期より連結貸借対照表において「短期リース債権」及び「長期リース債権」を，それぞれ「前払費用及びその他の流動資産」及び「その他の資産」から分割し表示しております。これに伴い，第121期の連結貸借対照表についても組み替えて表示しております。

　　当社は，第121期の連結キャッシュ・フロー計算書について，第122期の表示方法に合わせて組み替えて表示しております。

(2)　経営活動の概況 ……………………………………………………………

　当社は，プリンティングビジネスユニット，イメージングビジネスユニット，メディカルビジネスユニット，インダストリアルビジネスユニットの4つの報告セグメントと，その他及び全社から構成されております。プリンティングビジネスユニットは主にオフィス向け複合機，ドキュメントソリューション，レーザー複合機，レーザープリンター，インクジェットプリンター，イメージスキャナー，電卓，デジタル連帳プリンター，デジタルカットシートプリンター及び大判プリンターを，イメージングビジネスユニットは主にレンズ交換式デジタルカメラ，交換レンズ，コンパクトデジタルカメラ，コンパクトフォトプリンター，MRシ

ステム，ネットワークカメラ，ビデオ管理ソフトウェア，映像解析ソフトウェア，デジタルビデオカメラ，デジタルシネマカメラ，放送機器及びプロジェクターを，メディカルビジネスユニットは主にCT装置，超音波診断装置，X線診断装置，MRI装置，検体検査装置，デジタルラジオグラフィ及び眼科機器を，インダストリアルビジネスユニットは主に半導体露光装置，FPD露光装置，有機ELディスプレイ製造装置，真空薄膜形成装置及びダイボンダーを，その他はハンディターミナル及びドキュメントスキャナーを，それぞれ取り扱っております。

　販売は主にキヤノンブランドにて，各国の販売子会社を通して行われております。これらの販売子会社は各地域においてマーケティングと物流を担当しており，主に再販店及び販売代理店を通して販売しております。より詳細なセグメント情報は，注23に記載しております。

　当社はレーザープリンターをHP Inc.にOEM供給しており，その売上は第121期及び第122期の連結売上高のそれぞれ11.6％，12.0％になります。

　当社の生産活動は主に日本における29の生産拠点及び米国，ドイツ，フランス，オランダ，台湾，中国，マレーシア，タイ，ベトナム，フィリピン等の国及び地域における13の生産拠点にて行われております。

(3)　連結の基本方針

　当社の連結財務諸表は，当社，当社が過半数の株式を所有する子会社，及び当社及び連結子会社が主たる受益者となる変動持分事業体の勘定を含んでおります。連結会社間の重要な債権債務及び取引は全て消去しております。

(4)　見積りの使用

　当社は連結財務諸表を作成するために，種々の見積りと仮定を行っております。それらは連結財務諸表上の資産・負債・収益・費用の計上金額及び偶発資産・偶発債務の開示情報に影響を及ぼします。重要な見積りと仮定は，収益認識，信用損失引当金，棚卸資産，有価証券，長期性資産，リース，のれん及び耐用年数が確定できないその他の無形固定資産，環境負債，繰延税金資産，不確実な税務ポジション，未払退職及び年金費用，製品保証引当金，並びに企業結合の評価

及び開示に反映しております。実際の結果が，これらの見積りと異なることもあり得ます。また，パンデミックや地政学的リスク，さらにはインフレに伴う景気減速のリスク等により，当社の業績が経営者の仮定及び見積りとは異なる可能性があります。

(5) 外貨表示の財務諸表の換算

　海外子会社の資産及び負債は決算日の為替レートにより換算しております。損益項目は期中平均レートにより換算しております。海外子会社の財務諸表の換算から生じる差損益は，連結損益計算書からは除外し，その他の包括利益（損失）として計上しております。

　外貨建取引，外貨建の資産及び負債の換算から生じる為替差損益は，連結損益計算書の営業外収益及び費用に含めております。為替差損益は，第121期及び第122期においてそれぞれ21,746百万円の損失，34,772百万円の損失であります。

(6) 現金同等物

　取得日から3ヶ月以内に満期となる流動性の高い短期投資を現金同等物としております。売却可能負債証券に分類される取得日から3ヶ月以内に満期となる一部の負債証券は，2021年及び2022年12月31日現在においてそれぞれ500百万円，627百万円であり，連結貸借対照表の現金及び現金同等物に含めております。

(7) 投資

　投資は主に取得日から満期日までが3ヶ月超の定期預金，負債及び持分証券，関連会社の投資からなっております。

　当社は負債証券を満期保有目的証券と売却可能証券に分類しております。当社は短期間における売買を目的に購入し保有するトレーディング証券を保有しておりません。当社は，満期日までが1年未満の投資を短期投資に計上しております。

　売却可能負債証券及び持分法で計上されない容易に測定可能な公正価値で評価

される持分証券は，市場価格，予測割引キャッシュ・フローあるいはその他合理的と判断される公正価値で記録されます。持分証券の公正価値の変動は，連結損益計算書上，その他－純額に含めております。売却可能負債証券の場合，その変動は包括利益で認識されます。

満期保有目的負債証券は，償却原価で計上しております。また，公正価値は主として市場価格によって算定しております。

売却可能負債証券は，その価格下落が一時的でない下落について，市場価格が取得価額を下回る期間と程度，被投資会社の財政状態及び今後の見通し，並びに市場価格が回復すると予想される十分な時期までその投資案件を保有する当社の意思と能力の観点から，定期的に評価されております。その下落が一時的でなく，かつ売却する意思がない売却可能有価証券の減損は，信用損失に係るものは損益認識し，その他の要因に係るものはその他の包括利益（損失）で認識しております。また，その下落が一時的でなく，かつ売却する意思がある売却可能有価証券の減損は，全て損益認識しております。当社はその投資の原価の公正価値に対する超過額を減損として認識しております。

当社は，容易に算定可能な公正価値がない市場性のない持分証券について，減損による評価下げ後の帳簿価額に同一発行体の同一または類似する投資の秩序ある取引での観察可能な価格の変動を加減算する方法により測定しております。

実現損益は，平均原価法で算定し，損益に反映しております。

当社が事業運営及び財務方針に対して，支配力は有しないが重要な影響力を及ぼし得る関連会社の投資には，持分法を適用しております。

(8) 信用損失引当金 ･･･

信用損失引当金は，滞留状況の分析，マクロ経済状況及び過去の経験などの種々の要素を考慮し，基準書326（「金融商品－信用損失」）に基づいて，全ての債権計上先を対象として計上しております。また当社は，破産申請など顧客の債務返済能力がなくなったと認識した時点において，顧客ごとに信用損失引当金を積み増しております。債権計上先をとりまく状況に変化が生じた場合は，債権の回収可能性に関する評価はさらに調整されます。法的な償還請求を含め，全ての債権

回収のための権利を行使してもなお回収不能な場合に，債権の全部または一部を回収不能とみなし，信用損失引当金を取り崩しております。

(9) 棚卸資産

棚卸資産は，低価法により評価しております。原価は，国内では平均法，海外では主として先入先出法により算出しております。

(10) 長期性資産の減損

有形固定資産や償却対象の無形固定資産などの長期性資産は，当該資産の帳簿価額が回収できないという事象や状況の変化が生じた場合において，減損の可能性を検討しております。当社が保有し，かつ使用している資産の回収可能性は，その帳簿価額を資産から生じると予測される割引前将来見積キャッシュ・フローと比較することによって判定しております。当該資産の帳簿価額がその割引前将来見積キャッシュ・フローの総額を上回っている場合には，帳簿価額が公正価値を超過する金額について減損を認識しております。売却による処分予定の長期性資産は，帳簿価額または売却費用控除後の公正価値のいずれか低い価額で評価し，その後は償却しておりません。

(11) 有形固定資産

有形固定資産は取得原価により計上しております。減価償却方法は，定額法で償却している一部の資産を除き，定率法を適用しております。

償却期間は，建物及び構築物が3年から60年，機械装置及び備品が1年から20年の範囲となっております。

(12) リース

当社は，貸手のリースでは主にオフィス製品の販売においてリース取引を提供しております。販売型リースでの機器の販売による収益は，リース開始時に認識しております。販売型リース及び直接金融リースによる利息収益は，それぞれのリース期間にわたり利息法で認識しております。これら以外のリース取引はオペ

レーティングリースとして会計処理し，収益はリース期間にわたり均等に認識しております。機器のリースとメンテナンス契約が一体となっている場合は，リース要素と非リース要素の独立販売価格の比率に基づいて収益を按分しております。通常，リース要素は，機器及びファイナンス費用を含んでおり，非リース要素はメンテナンス契約及び消耗品を含んでおります。一部の契約ではリースの延長又は解約オプションが含まれております。当社は，これらのオプション行使が合理的に確実である場合，オプションの対象期間を考慮し，リース期間を決定しております。当社のリース契約の大部分は，顧客の割安購入選択権を含んでおりません。オペレーティングリースにより外部にリースしている資産は，取得原価により計上しており，主に2年から50年のリース期間にわたり定額法により見積残存価額まで償却しております。

　借手のリースでは建物，倉庫，従業員社宅，及び車輌等に係るオペレーティングリース及びファイナンスリースを有しております。当社は，契約開始時に契約にリースが含まれるか決定しております。一部のリース契約では，リース期間の延長又は解約オプションが含まれております。当社は，これらのオプション行使が合理的に確実である場合，オプションの対象期間を考慮し，リース期間を決定しております。当社のリース契約には，重要な残価保証または重要な財務制限条項はありません。当社のリースの大部分はリースの計算利子率が明示されておらず，当社はリース料総額の現在価値を算定する際，リース開始時に入手可能な情報を基にした追加借入利子率を使用しております。当社のリース契約の一部には，リース要素及び非リース要素を含むものがあり，それぞれを区分して会計処理しております。当社はリース要素と非リース要素の見積独立価格の比率に基づいて，契約の対価を按分しております。オペレーティングリースに係る費用は，そのリース期間にわたり定額法で計上されております。

(13)　のれん及びその他の無形固定資産

　のれん及び耐用年数が確定できないその他の無形固定資産は償却を行わず，代わりに毎年第4四半期に，または潜在的な減損の兆候があればより頻繁に減損テストを行っております。全てののれんは，企業結合のシナジー効果から便益を享

受する報告単位に配分されます。報告単位の公正価値が，当該報告単位に割り当てられた帳簿価額を下回る場合には，当該差額をその報告単位に配分されたのれんの帳簿価額を限度とし，のれんの減損損失として認識しております。

　耐用年数の見積りが可能な無形固定資産は，主としてソフトウェア，商標，特許権及び技術資産，ライセンス料，顧客関係であります。なお，ソフトウェアは主として3年から8年で，商標は15年で，特許権及び技術資産は7年から21年で，ライセンス料は8年で，顧客関係は10年から15年で定額償却しております。自社利用ソフトウェアの開発または取得に関連して発生した一定の原価は資産計上しております。これらの原価は主に第三者に対する支払い及びソフトウェア開発に係る従業員に対する給与であります。自社利用ソフトウェアの開発に関連して発生した原価はアプリケーション開発段階で資産計上しております。また，当社は，開発または取得した市場販売目的のソフトウェアに係る原価のうち，技術的実現可能性が確立した後の原価を資産計上しております。

（14）　環境負債

　環境浄化及びその他の環境関連費用に係る負債は，環境アセスメントあるいは浄化努力が要求される可能性が高く，その費用を合理的に見積ることができる場合に認識しており，連結貸借対照表のその他の固定負債に含めております。環境負債は，事態の詳細が明らかになる過程で，あるいは状況の変化の結果によりその計上額を調整しております。その将来義務に係る費用は現在価値に割引いておりません。

（15）　法人税等

　財務諸表上での資産及び負債の計上額とそれらの税務上の簿価との差異，並びに欠損金や税額控除の繰越に関連する将来の見積税効果について，繰延税金資産及び負債を認識しております。この繰延税金資産及び負債は，それらの一時差異が解消されると見込まれる年度の課税所得に対して適用される法定税率を使用して測定しております。税率変更による繰延税金資産及び負債への影響は，その税率変更に関する法律の制定日を含む期間の期間損益として認識しております。当

社は，実現可能性が低いとみなされる繰延税金資産について評価性引当金を計上しております。

　当社は，税法上の技術的な解釈に基づき，税務ポジションが，税務当局による調査において50％超の可能性をもって認められる場合に，その財務諸表への影響を認識しております。税務ポジションに関連するベネフィットは，税務当局との解決により，50％超の可能性で実現が期待される最大金額で測定されます。未認識税務ベネフィットに関連する利息及び課徴金については，連結損益計算書の法人税等に含めております。

（16）　株式に基づく報酬

　当社は，株式に基づく報酬費用を付与日の公正価値に基づいて測定し，定額法により必要なサービス提供期間である権利確定期間にわたり費用計上しております。

（17）　1株当たり当社株主に帰属する当期純利益

　基本的1株当たり当社株主に帰属する当期純利益は，当社株主に帰属する当期純利益を加重平均発行済普通株式数で割ることによって計算しております。希薄化後1株当たり当社株主に帰属する当期純利益は，全ての潜在的なストックオプションの権利行使による希薄化効果を含んでおります。

（18）　収益の認識

　当社は，主にプリンティング，イメージング，メディカル，インダストリアルその他の各ビジネスユニットの製品，消耗品並びに関連サービス等の売上を収益源としており，それらを顧客との個別契約に基づき提供しております。当社は，約束した財またはサービスの支配が顧客に移転した時点，もしくは移転するにつれて，移転により獲得が見込まれる対価を反映した金額により，収益を認識しております。詳細については，注15に記載しております。

（19） 研究開発費 ···

研究開発費は発生時に費用として計上しております。

（20） 広告宣伝費 ···

広告宣伝費は発生時に費用として計上しております。第121期及び第122期においてそれぞれ36,812百万円，45,986百万円であります。

（21） 発送費及び取扱手数料 ···

発送費及び取扱手数料は，第121期及び第122期においてそれぞれ53,347百万円，62,126百万円であり，これらは連結損益計算書の販売費及び一般管理費に含めております。

（22） 金融派生商品 ···

全ての金融派生商品を公正価値で認識し，連結貸借対照表の前払費用及びその他の流動資産もしくはその他の流動負債に含めております。当社は特定の金融派生商品を，予定取引もしくは既に認識された資産または負債に関連して支払われるまたは受け取るキャッシュ・フローの変動に対するヘッジ（「キャッシュ・フローヘッジ」）に指定します。当社は，リスク管理の目的及び様々なヘッジ取引に関する戦略とともにヘッジ手段とヘッジ対象の関係も正式に文書化しております。また，当社は，ヘッジに使用している金融派生商品がヘッジ対象のキャッシュ・フローの変動を相殺することに高度に有効であるか否かについて，ヘッジの開始時及びその後も定期的な評価を行っております。ヘッジが有効でないまたは有効でなくなったと判断された場合，当社は直ちにヘッジ会計を中止します。

キャッシュ・フローヘッジとして指定された金融派生商品の公正価値の変動は，ヘッジ対象として指定されたキャッシュ・フローの変動が損益に影響を与えるまで，その他の包括利益（損失）として計上しております。これらの金額は，ヘッジ対象が収益または費用として認識された期において，ヘッジ対象と同様の損益区分に振り替えられます。

また，当社はヘッジとして指定されない金融派生商品を使用しており，これら

の当該金融派生商品の公正価値の変動は，ただちに収益または費用として認識しております。

　さらに，当社は金融派生商品から生じるキャッシュ・フローを連結キャッシュ・フロー計算書上の営業活動によるキャッシュ・フローに含めております。

(23)　保証 ･･

　当社は，保証を行った時点で当該保証を行うことにより引き受けた債務の公正価値を負債として認識しております。

(24)　新会計基準 ･･

（イ）　新たに適用した会計基準

　2021年11月に，米国財務会計基準審議会（Financial Accounting Standards Board，以下「FASB」）より基準書2021-10（「政府援助に関する事業主体の開示」-基準832（政府援助））が公表されました。同基準は，補助金または拠出金の会計モデルを類推適用して会計処理された政府との取引に関する連結会計年度開示を要求しております。開示には，(1) 当該取引の性質及び当該取引の会計処理に用いられた関連する会計方針に関する情報，(2) 当該取引の影響を受ける貸借対照表及び損益計算書の科目並びに各財務諸表の科目に適用される金額，及び (3) コミットメント及び偶発事象を含む取引の重要な条件に関する情報が含まれます。当社は，この基準を2022年1月1日より開始する連結会計年度末より適用しております。なお，この基準の適用が当社の開示に与える重要な影響はありません。

（ロ）　未適用の新会計基準

　2021年10月に，FASBより基準書2021-08（「顧客との契約に基づく契約資産及び契約負債の会計処理」-基準805（企業結合））が公表されました。同基準は，企業結合により取得した契約資産及び契約負債を認識及び測定するために，基準606（「顧客との契約からの収益」）の適用を要求しております。同基準は，2022年12月15日以降に開始する連結会計年度及びその期中会計期間に適用されます。現在，当社はこの基準の適用が当社の経営成績及び財政状

態に与える影響について検討しております。

2022年3月に，FASBより基準書2022-02（「不良債権の再編及び組成年度別開示」-基準326（信用損失））が公表されました。同基準は，借手のローン借換え及び再編に関する開示要求事項を拡充しております。また，金融債権及びリースに対する純投資の当期直接償却総額を組成年度別に開示することを要求しております。同基準は，2022年12月15日以降に開始する連結会計年度及びその期中会計期間に適用されます。なお，この基準の適用が当社の経営成績及び財政状態に与える重要な影響はないと考えております。

2022年9月に，FASBより基準書2022-04（「サプライヤー・ファイナンス・プログラム債務の開示」-基準405-50（負債-サプライヤー・ファイナンス・プログラム））が公表されました。同基準は，商品やサービスの購入に関連してサプライヤー・ファイナンス・プログラムを利用する事業体に対し，プログラムの主要な条件と会計期間末の債務に関する情報（ロールフォワードを含む）を開示することを要求しております。同基準の，プログラムの主要な条件と会計期間末の債務に関する情報の開示要求は，2022年12月15日以降に開始する連結会計年度及びその期中会計期間に適用されます。同基準の，債務に関するロールフォワードの開示要求は，2023年12月15日以降に開始する連結会計年度に適用されます。現在，当社はこの基準の適用が，当社の開示に与える影響について検討しております。なお，この基準の適用が当社の経営成績及び財政状態に与える影響はありません。

2 財務諸表等

（1） 財務諸表 ···

① 貸借対照表

（単位：百万円）

	第121期 （2021年12月31日）	第122期 （2022年12月31日）
資産の部		
流動資産		
現金及び預金	27,424	33,159
受取手形	880	2,146
売掛金	223,469	291,942
製品	79,922	84,751
仕掛品	75,248	93,682
原材料及び貯蔵品	7,377	8,723
短期貸付金	39,793	67,232
その他	93,081	83,922
流動資産合計	547,194	665,557
固定資産		
有形固定資産		
建物及び構築物	321,184	302,255
機械及び装置	45,868	37,170
車両運搬具	212	426
工具、器具及び備品	12,227	12,350
土地	150,537	150,534
建設仮勘定	22,479	35,651
有形固定資産合計	552,507	538,386
無形固定資産		
ソフトウエア	14,731	13,979
のれん	4,564	4,255
その他	2,398	2,110
無形固定資産合計	21,693	20,344
投資その他の資産		
投資有価証券	13,474	11,720
関係会社株式	1,555,508	1,560,635
関係会社出資金	44,134	37,453
長期前払費用	18,750	14,646
繰延税金資産	56,627	60,069
差入保証金	400	405
その他	9,015	5,104
貸倒引当金	△87	△87
投資その他の資産合計	1,697,821	1,689,945
固定資産合計	2,272,021	2,248,675
資産合計	2,819,215	2,914,232

	第121期 (2021年12月31日)	第122期 (2022年12月31日)
負債の部		
流動負債		
支払手形	176	55
電子記録債務	26,936	30,168
買掛金	254,575	299,573
短期借入金	825,388	1,066,655
未払金	33,097	27,741
未払費用	35,984	40,616
未払法人税等	15,305	21,672
預り金	9,380	8,991
製品保証引当金	5,085	5,902
賞与引当金	5,441	6,124
役員賞与引当金	232	276
その他	35,985	27,311
流動負債合計	1,247,584	1,535,084
固定負債		
長期借入金	174,000	-
長期前受金	-	7,757
退職給付引当金	25,842	26,630
環境対策引当金	815	763
永年勤続慰労引当金	1,571	1,536
その他	1,854	1,359
固定負債合計	204,082	38,045
負債合計	1,451,666	1,573,129

	第121期 （2021年12月31日）	第122期 （2022年12月31日）
純資産の部		
株主資本		
資本金	174,762	174,762
資本剰余金		
資本準備金	306,288	306,288
資本剰余金合計	306,288	306,288
利益剰余金		
利益準備金	22,114	22,114
その他利益剰余金		
特別償却準備金	1	－
固定資産圧縮積立金	3,474	3,339
別途積立金	1,249,928	1,249,928
繰越利益剰余金	763,403	837,828
利益剰余金合計	2,038,920	2,113,209
自己株式	△1,158,351	△1,258,347
株主資本合計	1,361,619	1,335,912
評価・換算差額等		
その他有価証券評価差額金	5,543	4,325
繰延ヘッジ損益	△236	79
評価・換算差額等合計	5,307	4,404
新株予約権	623	787
純資産合計	1,367,549	1,341,103
負債純資産合計	2,819,215	2,914,232

② 損益計算書

(単位：百万円)

	第121期 (2021年1月1日から 2021年12月31日まで)	第122期 (2022年1月1日から 2022年12月31日まで)
売上高	1,508,752	1,739,820
売上原価	1,048,970	1,257,730
売上総利益	459,782	482,090
販売費及び一般管理費	355,590	361,292
営業利益	104,192	120,798
営業外収益		
受取利息	289	860
受取配当金	170,050	131,074
受取賃貸料	21,019	19,457
雑収入	6,772	8,196
営業外収益合計	198,130	159,587
営業外費用		
支払利息	3,346	6,507
貸与資産減価償却費	17,805	16,355
為替差損	29,468	39,058
雑損失	3,709	4,142
営業外費用合計	54,328	66,062
経常利益	247,994	214,323
特別利益		
固定資産売却益	120	221
投資有価証券売却益	39	－
関係会社出資金売却益	－	7,416
企業結合における交換利益	566	－
関係会社清算益	182	－
特別利益合計	907	7,637
特別損失		
固定資産除売却損	1,113	574
課徴金関連損失		3,346
その他	84	39
特別損失合計	1,197	3,959
税引前当期純利益	247,704	218,001
法人税、住民税及び事業税	25,626	27,423
法人税等調整額	△5,921	△3,046
法人税等合計	19,705	24,377
当期純利益	227,999	193,624

③ 株主資本等変動計算書

第121期（2021年1月1日から2022年12月31日まで）

（単位：百万円）

	資本金	資本剰余金 資本準備金	利益剰余金 利益準備金	その他利益剰余金 特別償却準備金	固定資産圧縮積立金	別途積立金	繰越利益剰余金	自己株式	株主資本合計	その他有価証券評価差額金	繰延ヘッジ損益	新株予約権	純資産合計
当期首残高	174,762	306,288	22,114	4	3,609	1,249,928	624,166	△1,158,354	1,222,517	2,930	△225	536	1,225,758
当期変動額													
特別償却準備金の積立									-				
特別償却準備金の取崩				△3			3		-				
固定資産圧縮積立金の積立									-				
固定資産圧縮積立金の取崩					△135		135		-				
剰余金の配当							△88,891		△88,891				△88,891
当期純利益							227,999		227,999				227,999
自己株式の取得								△17	△17				△17
自己株式の処分							△9	20	11				11
株主資本以外の項目の当期変動額（純額）									-	2,613	△11	87	2,689
当期変動額合計	-	-	-	△3	△135	-	139,237	3	139,102	2,613	△11	87	141,791
当期末残高	174,762	306,288	22,114	1	3,474	1,249,928	763,403	△1,158,351	1,361,619	5,543	△236	623	1,367,549

第122期（2022年1月1日から2023年12月31日まで）

（単位：百万円）

	資本金	株主資本									評価・換算差額等		新株予約権	純資産合計
		資本剰余金	利益剰余金						自己株式	株主資本合計	その他有価証券評価差額金	繰延ヘッジ損益		
		資本準備金	利益準備金	その他利益剰余金										
				特別償却準備金	固定資産圧縮積立金	別途積立金	繰越利益剰余金							
当期首残高	174,762	306,288	22,114	1	3,474	1,249,928	763,403	△1,158,351	1,361,619	5,543	△236	623	1,367,549
当期変動額													
特別償却準備金の積立									-				-
特別償却準備金の取崩				△1			1		-				-
固定資産圧縮積立金の積立									-				-
固定資産圧縮積立金の取崩					△135		135		-				-
剰余金の配当							△119,326		△119,326				△119,326
当期純利益							193,624		193,624				193,624
自己株式の取得								△100,017	△100,017				△100,017
自己株式の処分							△9	21	12				12
株主資本以外の項目の当期変動額（純額）									-	△1,218	315	164	△739
当期変動額合計	-	-	-	△1	△135	-	74,425	△99,996	△25,707	△1,218	315	164	△26,446
当期末残高	174,762	306,288	22,114	-	3,339	1,249,928	837,828	△1,258,347	1,335,912	4,325	79	787	1,341,103

【注記事項】

（重要な会計方針）

1 有価証券の評価基準及び評価方法

（1）　子会社株式及び関連会社株式

移動平均法による原価法

（2）　その他有価証券

時価のあるもの

期末日の市場価格等に基づく時価法（評価差額は全部純資産直入法により処理し，売却原価は移動平均法により算定）

時価のないもの

移動平均法による原価法

2 棚卸資産の評価基準及び評価方法

総平均法による原価法（貸借対照表価額は収益性の低下に基づく簿価切下げの

方法）

3　固定資産の減価償却の方法 ……………………………………………
（1）　有形固定資産（リース資産を除く）……………………………………
　定率法を採用しております。

　ただし，1998年4月1日以降に取得した建物（建物附属設備を除く）について
は，定額法を採用しております。

（2）　無形固定資産 ……………………………………………………………
　定額法を採用しております。

　なお，市場販売目的ソフトウエアについては，関連製品の販売計画等を勘案し
た見積販売可能期間（3年）に，自社利用ソフトウエアについては社内における利
用可能期間（5年）に基づいております。

　のれんの償却については，超過収益力の効果の発現する期間を見積り，20年
で均等償却を行っております。

（3）　リース資産 ………………………………………………………………
　定額法を採用しております。

　なお，リース期間を耐用年数としております。

4　引当金の計上基準 ………………………………………………………
（1）　貸倒引当金 ………………………………………………………………
　債権の貸倒れによる損失に備えるため，回収不能見込額を計上しております。

　・一般債権
　　貸倒実績率法によっております。

　・貸倒懸念債権及び破産更生債権
　　財務内容評価法によっております。

（2）　製品保証引当金 …………………………………………………………
　製品のアフターサービスに対する支出及び製品販売後の無償修理費用等の支出
に備えるため，過去の実績等を基礎として見積算出額を計上しております。

（3）　賞与引当金 ‥‥‥‥‥‥‥‥‥‥‥‥‥‥‥‥‥‥‥‥‥‥‥‥‥‥‥‥‥‥‥‥‥

　従業員に対する賞与の支出に備えるため，支給見込額に基づき計上しております。

（4）　役員賞与引当金 ‥‥‥‥‥‥‥‥‥‥‥‥‥‥‥‥‥‥‥‥‥‥‥‥‥‥‥‥‥‥

　役員に対する賞与の支出に備えるため，支給見込額に基づき計上しております。

（5）　退職給付引当金 ‥‥‥‥‥‥‥‥‥‥‥‥‥‥‥‥‥‥‥‥‥‥‥‥‥‥‥‥‥‥

　従業員の退職給付に備えるため，当期末における退職給付債務及び年金資産の見込額に基づき，当期において発生していると認められる額を計上しております。

　過去勤務費用及び数理計算上の差異は，その発生時の従業員の平均残存勤務期間による定額法により費用処理することとしております。

（6）　環境対策引当金 ‥‥‥‥‥‥‥‥‥‥‥‥‥‥‥‥‥‥‥‥‥‥‥‥‥‥‥‥‥‥

　土壌汚染拡散防止工事や法令に基づいた有害物質の処理等，環境対策に係る支出に備えるため，今後発生すると見込まれる金額を計上しております。

（7）　永年勤続慰労引当金 ‥‥‥‥‥‥‥‥‥‥‥‥‥‥‥‥‥‥‥‥‥‥‥‥‥‥‥‥

　永年勤続の従業員に対する内部規程に基づく慰労金の支出に備えるため，支給見込額に基づき計上しております。

5　収益及び費用の計上基準

　当社は，主にプリンティング，イメージング，メディカル，インダストリアルの各ビジネスユニットにおいて，製品，消耗品並びに製品に関連したサービスを提供しております。

　製品及び消耗品の販売及びサービスについて，顧客との契約に基づき履行義務を識別しております。

　製品の販売については，顧客への引渡の際に据付を要しない製品については主に出荷または引渡時点に，据付を要する製品については据付及び検収時点に，顧客が当該製品に対する支配を獲得し，履行義務が充足されると判断し，収益を認識しております。

　サービスの提供については，履行義務が一時点で充足される場合には，サービス提供完了時点において，一定期間にわたり充足される場合には，サービス提供

期間にわたり収益を認識しております。

　製品及びサービスの取引価格は，合理的に算定した独立販売価格の比率に基づいて各履行義務へ配分しております。独立販売価格を直接観察できない場合には，独立販売価格を見積もっております。取引価格に含まれる変動対価は不確実性が解消された時点で取引価格に含め，定期的に見直しをしております。

5　ヘッジ会計の方法

(1)　ヘッジ会計の方法
　繰延ヘッジ処理を適用しております。

(2)　ヘッジ手段とヘッジ対象
　ヘッジ手段……デリバティブ取引（為替予約取引）

　ヘッジ対象……予定取引に係る外貨建売上債権等

(3)　ヘッジ方針
　内部規程に基づき，為替変動リスクを回避することを目的として，デリバティブ取引を実施しております。なお，デリバティブ取引は実需の範囲で行っており，投機目的で行うことはありません。

(4)　ヘッジの有効性評価の方法
　ヘッジ対象と重要な条件が同一であるヘッジ手段を用いているため，ヘッジ開始時及びその後も継続して双方の相場変動が相殺されておりますので，その確認をもって有効性の評価としております。

6　その他財務諸表作成のための基本となる重要な事項

(1)　消費税等の会計処理……税抜方式によっております。

(2)　連結納税制度の適用……連結納税制度を適用しております。

（重要な会計上の見積り）

　会計上の見積りにより当事業年度に係る財務諸表にその額を計上した項目であって，翌事業年度に係る財務諸表に重要な影響を与える可能性のあるものは，以下のとおりであります。

市場価格のない子会社の株式評価

1. 当事業年度の財務諸表に計上した金額 ···

関係会社株式　1,560,635百万円

（うち，市場価格のない子会社株式が1,470,371百万円）

2. 見積りの内容について財務諸表利用者の理解に資するその他の情報 ··········

　市場価格のない子会社株式の実質価額は，子会社の財務情報や事業計画を基礎に，超過収益力等を加味して算出しております。

　超過収益力は，主として子会社が生み出す将来キャッシュ・フロー及び割引率等の見積りに基づいて測定しております。将来キャッシュ・フローの見積りは，主として将来の成長率に関する予測に基づいて測定しております。割引率の見積りは，主として関連する市場及び産業のデータ並びに特定のリスク要因を考慮した加重平均資本コストに基づいております。算出された子会社株式の実質価額は，取得価額と比較して著しく低下しておらず，当事業年度において子会社株式の減損処理は不要と判断しております。

　しかし，上記の見積りは将来の不確実な経済環境の変動などにより，子会社の将来キャッシュ・フローが想定よりも減少した場合には減損損失が認識され，翌事業年度の財務諸表に重要な影響を与える可能性があります。

　なお，重要な子会社株式にキヤノンメディカルシステムズ株式会社の株式があり，当事業年度の財務諸表において658,304百万円が計上されております。当該子会社の将来キャッシュ・フローの見積りは，今後の医療機器市場の成長や事業活動地域の経済成長を考慮した上で立案された中期経営計画に基づいております。

（会計方針の変更）

　時価の算定に関する会計基準等の適用

　当社は，「時価の算定に関する会計基準」（企業会計基準第30号　2019年7月4日。以下「時価算定会計基準」という。）等を当事業年度の期首より適用しており，時価算定会計基準第19項及び「金融商品に関する会計基準」（企業会計基準第10号　2019年7月4日）第44-2項に定める経過的な取扱いに従って，時

価算定会計基準等が定める新たな会計方針を将来にわたって適用することとしております。なお，この基準の適用による，財務諸表に与える影響はありません。

（表示方法の変更）
　収益認識に関する表示方法の変更

　当社は，「収益認識に関する会計基準」（企業会計基準第29号　2020年3月31日）及び「収益認識に関する会計基準の適用指針」（企業会計基準適用指針第30号　2021年3月26日）を適用しているため，収益認識に関する注記を変更しております。

第**2**章

電気機器業界の "今"を知ろう

企業の募集情報は手に入れた。しかし，それだけではまだ不十分。企業単位ではなく，業界全体を俯瞰する視点は，面接などでもよく問われる重要ポイントだ。この章では直近1年間の運輸業界を象徴する重大ニュースをまとめるとともに，今後の展望について言及している。また，章末には運輸業界における有名企業（一部抜粋）のリストも記載してあるので，今後の就職活動の参考にしてほしい。

▶▶かつての「お家芸」，復権なるか

電気機器 業界の動向

> 「電気機器」は，電気機器の製造に関わる業態である。インフラ
> やプラントを手掛ける「重電」と，家庭用の洗濯機や冷蔵庫といっ
> た「家電」など，取り扱う製品によって大きく分類される。

❖ 総合電機メーカーの動向

　電機産業は，自動車とともに日本の製造業を支えてきた重要な柱である。
日立・東芝・三菱電機・ソニー・パナソニック・シャープ・NEC・富士通の，
電機大手8社の売上合計は50兆円迫る。

　かつては日本ブランドの象徴として，経済成長を支えてきた電機メーカー
だが，2000年代に入り収益が悪化，リーマンショック以降，2017年まで売
上は減少を続けてきた。低迷の理由としては，日本からの経済支援，技術
供与などで中国や韓国のメーカーが急成長を果たし，個人向け電化製品（白
モノ家電）や情報端末などで国産メーカーの価格競争力が低下したこと。ま
た，日本の大手は発電設備などの重電からテレビ，白モノ家電に至るまで
何でも手掛ける総合メーカーであるため，資本や技術が分散し，効率的な
展開ができなかったことがあげられる。2008年以降の10年間で，売上を伸
ばしたのは三菱電機のみ，純利益累計が黒字なのは，三菱，日立，富士通
のわずか3社のみという厳しい市況から，各社とも経営改善に向けて，不採
算事業の整理，優良事業の拡大など，構造転換を積極的に進めている。

●復活を目指す東芝，シャープ，パナソニック

　東芝は，2015年の不正会計発覚，2016年度の米原子力事業子会社の法的
整理に伴う大幅な赤字から，2017年には優良資産である半導体メモリ事業
を売却して精算を行い，社会インフラ事業，メモリ以外の半導体事業，
ICT（情報通信）事業の主要3部門を分社化した。今後は，各事業で経営の
自立性や機動力を高め，経営再建に向けて競争力を強化していく。また，

2016年には白モノ家電事業を中国の美的集団（マイディア）に，2017年にはテレビ事業を手がける傘下の東芝映像ソリューションを中国の海信集団（ハイセンス）に，2018年にはパソコン事業をシャープに売却をしており，事業を整理しつつ収益改善に動いている。

　東芝からパソコン事業を買い取り，同市場へ再参入を果たしたシャープは，2016年に台湾の鴻海（ホンハイ）精密工業に買収され，子会社となったあと，厳格なコスト削減を実施。親会社である鴻海の強みを活かしたパソコン事業のほか，長年培ってきた技術をもとに欧州で高級テレビ事業に参入するなど，新たな取り組みを行っており，2018年3月期には4年ぶりに黒字化を果たした。好採算の空気清浄機や調理家電が強みとなっている。

　2011年に業績不振に陥ったパナソニックは，コンシューマー向け主体から企業向け主体へと方向転換をしており，自動車の電子化・電動化を見据えて，車載事業への取り組みを強化している。2017年10月には電気自動車（EV）に搭載するリチウムイオン電池の生産拠点を一斉に増産し，生産規模を2倍にした。2021年度の売上高は3兆6476円と国内では圧倒的な存在感を誇る。また，戦略投資としてM&Aなどに1兆円を投じ，海外においては，2015年に自動車部品メーカーであるスペインのフィコサ・インターナショナルの株式49％を取得，2016年には米国の業務用冷凍・冷蔵ショーケースメーカー・ハスマンの全株式を取得し，米国で食品流通事業を強化した。2017年には欧州の物流ソリューション会社のゼテス・インダストリーズの株式57.01％を取得している。国内でも，2017年には住宅事業を手がけるパナホームを完全子会社化するなど，活発な買収，再編を実施している。

●資源の集中，優良事業を拡大させる日立，三菱，ソニー

　日立製作所は，2008年度に出した7873億円の純損失を機に，事業の選択を行い，社会インフラ事業に集中した。その結果，2010年，2011年度と連続最高純益でV字回復を果たした。この流れは継続中で，2016年もグループ会社の日立物流，日立キャピタルなど5社を実質的に売却した一方，2017年4月には英の昇降機企業と米国の空気圧縮機企業を買収。イタリアの鉄道車両・信号機メーカーも買収し，英国の実績とあわせて欧州での鉄道車両関連事業で存在感を増しており，目標のひとつであるグローバル展開も拡大している。海外の売上比率は2017年度の48％から50％に伸び，国内と同等規模になっている。

　三菱電機は，携帯電話事業などから早々に撤退し，工場の自動化（FA）

など企業向けビジネスで業績を伸ばしており，日本の電機業界の中では数少ない「勝ち組」といわれている。2025年度までにFAシステム事業の売上を9000億円以上とする目的を掲げ，国内では2021年度までの稼働を目指し，2工場の新設を検討中。2018年6月には中国に工場を新設した。あわせて，中国拠点の増強やインドでの工場新設も検討を始めており，2021年度までに400億円を投資して，国内外をあわせた生産能力を4割程度引き上げる計画を進めている。また，2018年に勃発した米中貿易摩擦に対応して，中国で行っていた加工機2種の生産を国内工場に移管するなど，国際情勢に即した機敏な対応も行っている。

　業績不振にあえいでいたソニーも，2018年3月期の純利益は4907億円と，過去最高益を達成した。ゲーム・ネットワークサービス，スマートフォン向け画像センサーといったIT関連部材など優良事業を強化しつつ，不振事業からの撤退や人員削減などで収益力を回復させ，テレビ事業では「量から質」へ転換し，4Kや有機ELなどの高級路線で欧米でのシェアを拡大させている。ただし，好調だった半導体事業は，スマートフォン市場の影響を受けやすい。スマートフォン自体が成熟期に入り，機能面での差別化が難しくなっているため，価格競争に陥りやすく，今後は納入する部品価格にもその影響が出てくることが予想される。2017年11月，2006年に販売終了した家庭用犬型ロボット「アイボ」を復活させ，その発表会で平井社長は「感動や好奇心を刺激するのがソニーのミッション」と強調した。すでにロボット型の掃除機が普及している家庭向けロボット市場は，潜在的な需要の見込まれる市場であり，新しいデバイスの導入による新しい価値の提供で市場を開拓することが期待される。

❖ 白モノ・生活家電の動向

　日本電気工業会の調べでは，2022年度の白モノ家電の国内出荷金額は前年度比微増の2兆5887億円となった。新型コロナウイルスで在宅時間が増加し，自宅の生活を豊かにしようという特需が落ち着き，それに加えて半導体をはじめとする部品・部材不足が直撃したことが原因と見られる。

　海外市場では，アジアなどの新興国において，世帯年収2万ドル以上の中間層が拡大している。それに伴い，白モノ家電の普及が進行中で，とくにドライヤーや炊飯器などの小型家電を中心に，さらなる需要拡大が見込

まれている。

　冷蔵庫，洗濯機，エアコンなど，生活必需品として手堅い需要のある白モノ家電だが，電機各社の経営戦略の流れのなかで，大きな転換を迫られている。東芝は2016年6月，白モノ家電事業を中国の美的集団に売却した。日立と三菱電機は売上規模を追わず，高付加価値製品に注力している。そんななかでパナソニックはシェアを伸ばし，エアコンやドラム式洗濯機など9市場で販売台数1位を獲得。国内家電市場全体でシェア3割近くを占め，過去30年で最高を更新した。パナソニックでは，エアコンや給湯システム，自動販売機や厨房機器といった食品流通，レンジ・食洗機などのスモール・ビルトインを高成長領域として積極的な投資を行い，グローバルでの成長を目指すという。

●注目を集めるIoT家電とこだわり家電

　白モノ家電の新展開として注目されているのが，ネットと連動するIoT家電である。スマートフォンで操作できるエアコンやロボット掃除機などが次々と登場している。シャープから発売された電気無水鍋「ヘルシオ　ホットクック」は無線LANを搭載しており，スマホからメニュー検索や遠隔操作などが可能になっている。また，人工知能（AI）によるメニュー提案も行う。家庭内でのIoTに関しては，2017年，電機メーカーを含めた大手企業やメーカーが集まり，業界の垣根を超えて「コネクティッドホーム　アライアンス」を設立した。パナソニックをはじめ，東急やトヨタ自動車などの自動車メーカー，TOTO，LIXIL，YKKAPなどの住宅設備メーカー，中部電力や大阪ガスなどインフラ企業まで77社が名を連ねており，これまで各企業がバラバラに取り組むことでなかなか進展せず，世界から遅れをとっていた国内IoTの取り組みを推進するという。

　また，こだわりの商品を手掛ける家電ベンチャーも活気づいている。バルミューダが販売するトースターは2万円という高額ながら，30万台を売る異例の大ヒットとなった。世界No.1の清浄能力を持つ空気清浄機やスタイリッシュな加湿器を販売するcado（カドー），全自動衣類折りたたみ機「ランドロイド」を開発したセブン・ドリーマーズ・ラボラトリーズなど，大手にはない視点でものづくりに挑んでいる。

❖ デジタル家電の動向

　電子情報技術産業協会によれば，2022年の薄型テレビ国内出荷台数は486.6万台と前年度より急落した。巣篭もり特需による需要先食いが落ち着いたことに加えて，価格競争が激化したことが原因と見られる。

　2017年以降，液晶に続く次世代モデルとして，有機ELテレビに注目が集まっている。有機ELテレビは，電圧をかけると有機材料自体が光る仕組みで，液晶よりも多彩な色彩を鮮やかに再現できる。また画面が5mm程度と薄く，重量も8kg程度で軽いうえに，消費電力も液晶テレビの1割程度で経済的である。国内では，2017年に東芝，パナソニック，ソニーが対応製品の販売を開始しており，当初は40万以上の高価格帯ばかりだったが，2018年に入り20万円台の商品も販売されるなど，低下傾向にある。海外では，ソニーが欧州の有機ELテレビ市場において，65インチは60％，55インチは70％と圧倒的なシェアを獲得している。世界全体のプレミアム製品市場でも44％のシェアとなっており，高級路線への切り替えに成功している。

　オーディオ分野では，高解像度で音の情報量がCDの約6.5倍あるというハイレゾリューション（ハイレゾ）音源が人気を集めている。ハイレゾは，レコーディングスタジオやコンサートホールで録音されたクオリティーがほぼ忠実に再現できるといわれており，ヘッドホンや携帯音楽プレーヤーなど，ハイレゾ対応機器の市場に期待が集まっている。

●4K・8K放送の抱える問題

　すでにCSの一部やケーブルテレビ，ネット動画サービスなどで4Kコンテンツは配信されているが，2018年12月にサービスが開始された新4K・8K衛星放送は4Kテレビへの移行を喚起する目玉のコンテンツといえる。ただ，放送開始前に販売されていた4K対応テレビの多くには，放送を受信するためのチューナーが内蔵されておらず，視聴にはチューナーを別途購入する必要がある。また，アンテナや配線の交換が必要となるケースもあるため，どこまで視聴者を増やせるか，疑問視する声もある。加えて，新4K・8K衛星放送を受信・視聴するには，放送の暗号化情報を解除するため，現行のB-CASカードに変わる「新CAS（ACAS）」チップが必要となる。このチップも，これまでに販売された4Kテレビには付与されていないため，視聴の際には別途，メーカーなどから提供を受けなければならなくなる。新4K・

8K衛星放送に関しては，サービスの開始時期やチューナー，新CASチップなど，告知が不十分な面もあり，今後のていねいな対応が求められている。

❖ パソコン・タブレット・携帯端末の動向

　2022年度の国内パソコン（PC）出荷台数は前年比4.4％減の1123万台（IDC調べ）だった。新型コロナ影響でリモートワークが進んだことと，「GIGAスクール」などの学習環境のオンライン化が急速に進んだことの反動が要因と考えられる。

　徐々に冷え込みを見せる国内事情と同様に，世界出荷台数も前年比2割減の2億9199万台となった。

　ここ数年，PCの好調の皺寄せがきていたスマートフォンだが，2022年における世界の出荷台数は前年比減の12億550万台（米IDC調べ）となった。市場シェアでは，韓国サムスン電子が20以上％を占め首位をキープ，米アップルは18.8％で2位，中国のHuaweiは米政府の規制が影響し，世界上位5から転落した。国内では，2022年のスマートフォン出荷台数は2810万台。メーカー別では，アップルがトップ。シャープ，ソニーが続いている。

　タブレットの2022年世界出荷台数は1億6280万台（米IDC調べ）。世界シェアの約半分を占めるアップルのiPadの21年5月発売の新製品効果により堅調な成長を見せている。スペックも向上し，ノートPCとの機能差，価格差は年々小さくなってきている。

❖ 半導体の動向

　日本の半導体政策が大きな転機を迎えている。2022年8月に最先端半導体の国産化を目指す「ラピダス」が設立された。同社にはトヨタ自動車やソニーグループなど国内の主要企業8社が出資，経済産業省は2023年4月までに3300億円の助成を決めるなど全面的にバックアップしている。

　半導体市場は，技術革新が著しく，巨額の研究開発費と設備投資によって高性能な製品開発を進めるビジネスといえる。IoTが普及すれば，家電や自動車から工場まで，あらゆるモノに半導体が搭載されることから，大きな需要増が見込まれる。そのため，世界の各企業は，これから到来するIoT

時代に備えて M&A を進め，規模の拡大，製品ラインナップの拡充を目指している。

　2015年，米アバゴ・テクノロジーは同業の米ブロードコムを約4.6兆円で買収した。2016年にはソフトバンクグループが約3.3兆円で英半導体設計大手の ARM を買収しており，日本企業による海外企業買収では過去最大の規模となる。ソフトバンクグループは，2017年にも半導体メーカーのエヌビディアへ4000億円を投資している。また，2017年にはインテルが車載カメラや半導体メーカーのモービルアイを約1兆7000億円で買収している。なお，成功はしなかったが，2016年には米クアルコムがオランダの NXP を約5兆円で買収することを計画。2017年11月には，前述のブロードコムがクアルコムに約12兆円で買収を提案していた。

　国内企業に関しては，2017年，東芝が半導体事業を売却したが，ソニーは画像センサーで世界首位を誇っている。画像センサーは，スマートフォン用カメラなどで，被写体の動きを感知して撮影できるように助けるシステムで，ソニーはアップルの iPhone に搭載されるセンサーを納品しており，世界シェアは44%超となっている。

　自動車用半導体を手掛ける国内大手ルネサスエレクトロニクスは，自動運転技術の進化を見据えて，2022年の車載半導体シェア30%を狙っており，2016年に米半導体メーカーのインターシルを約3400億円で買収した。また，2018年9月には，同じく米国のインテグレーテッド・デバイス・テクノロジー（IDT）を約7500億円で買収すると発表した。IDT はセンサーと無線技術に強く，これも自立走行車向けの展開を見据えた買収といえる。一方，半導体製造装置の日立国際電気は，日立グループを離れ米 KKR の傘下に入っている。

　高速通信規格「5G」の実用化を受けて，2020年移行，半導体市場は成長を続けていた。しかし，半導体メーカーの相次ぐ工場トラブルにより，世界的に半導体不足が深刻化している。

電気機器業界

直近の業界各社の関連ニュースを
ななめ読みしておこう。

白物家電出荷額、4～9月は3％減　猛暑でもエアコン低調

日本電機工業会（JEMA）が23日発表した民生用電気機器の4～9月の国内出荷額は前年同期比3.2％減の1兆3116億円だった。記録的な猛暑でもエアコンなどの出荷が低調だった。3月時点では2.5％増の1兆3894億円になると見込んでいたが、一転して2年ぶりの前年実績割れとなった。

円安や部材価格の上昇などで白物家電の単価は上昇傾向にある。一部の高機能機種が人気を集める一方で、多くの消費者は節約志向を強めている。JEMAは4～9月の国内出荷額が期初の見通しを下回った理由について、「単価の上昇よりも数量が前年を下回った影響が大きかった」と説明する。

品目別では出荷額に占める割合が大きいエアコンの出荷台数が514万5000台となり、前年同期に比べ8.9％減少した。23年の夏は記録的な猛暑となったものの、過去10年の4～9月の平均（518万9000台）をやや下回る水準だった。調査会社GfKジャパン（東京・中野）の新井沙織シニアマネージャーは「過去数年続いた高需要の反動が出た」と指摘する。

冷蔵庫の出荷台数は6.9％減の184万台だった。容量別で小・中容量帯は微増となったが、大容量帯は前年同期を下回った。メーカー関係者は「多少高価でも時短や手間の軽減に出費を惜しまない人と、そうでない人との二極化が進んでいる」と話す。

洗濯機の出荷台数は0.4％増の208万3000台だった。乾燥機能が付いているドラム式洗濯機は時短効果が高く、消費者からの人気を集めている。JEMAの統計でも洗濯乾燥機の出荷台数に占めるドラム式の構成比は初めて8割を超えた。

新型コロナウイルスの感染症法上の扱いが「5類」に移行した影響で、旅行などのレジャー消費は上向いている。外出機会の増加に伴ってドライヤーの出荷台数が4％増の228万2000台となるなど、理美容家電は好調だった。「イン

バウンド（訪日外国人）が回復し、お土産として買う需要が戻りつつある」（メーカー担当者）といった声もある。

電気代の高騰を受け、家庭での消費電力割合が一番高いエアコンでは省エネルギー性能が高い一部の高機能機種への関心が高まっている。三菱電機によると、人の脈波から感情を解析する機能を搭載した旗艦機種の販売数量は7月に前年同月比で3割増えた。

日立製作所の家電子会社、日立グローバルライフソリューションズ（GLS）は11月に発売するドラム式洗濯機から家電の「指定価格制度」を適用する。小売価格を指定する代わりに、売れ残った在庫の返品に応じる。

原材料価格の高騰や円安によって、製品単価の上昇は続く見通し。日立GLSは一定の需要がある高機能製品で利益率を確保する狙いだ。伊藤芳子常務は「適正な価格で購入してもらい、必要な商品開発サイクルの期間を確保したい」と話す。

（2023年10月23日　日本経済新聞）

Amazon、アレクサに生成AI搭載　「人間らしく会話」

米アマゾン・ドット・コムは20日、音声アシスタント「アレクサ」に生成人工知能（AI）技術を幅広く搭載すると発表した。同社のスマートスピーカーなどで利用者がより自然な会話をしたり、複雑な指示を出したりできるようになる。

東部バージニア州アーリントンの第2本社で新製品発表会を開いた。デバイス・サービス担当のデイブ・リンプ上級副社長が登壇し、アレクサは「（生成AIの技術基盤である）大規模言語モデルにより、まるで人間と話しているかのように速く応答できる」と強調した。

自社開発の大規模言語モデルをアレクサに組み込むことで、会話の文脈を踏まえた返答や、利用者の好みや関心に合わせた回答が可能になる。発表会では利用者がスポーツや料理についてアレクサに質問した後、友人に送るメッセージの作成を依頼すると、アレクサがスポーツや料理の話題を盛り込んで文章を作る実例を示した。

生成AIの搭載で会話表現が豊富になる。状況に応じてアレクサの音声のトーンを変え、利用者にとってより自然に聞こえるようにする。

生成AI機能はまず米国で2024年にかけて段階的に提供を始める。ソフトウ

エアの更新によりアレクサを高度化するため、旧型の端末でも利用できる。当初は無料とするが、将来は有料化を検討している。

22年秋以降、米オープンAIの対話型AI「Chat（チャット）GPT」をはじめとした生成AIが急速に普及した。アマゾンなどの音声アシスタントは従来、事前にプログラムされた範囲で会話や指示に応えることが多く、やりとりに柔軟に対応することが難しかった。

日本など米国以外での提供については「できるだけ早くあらゆる言語に対応したい」（デバイスの国際担当、エリック・サーニオ副社長）としている。

同日、スマートスピーカーやスマートホーム機器などハードウエアの新製品も披露した。

画面やカメラを備えるスマートスピーカーの新製品「エコーショー8」では画像認識技術を使い、利用者と端末の距離に応じて画面への表示内容を変える機能を搭載した。米国での価格は149ドル99セントからで、10月下旬に発売する。

アレクサで操作できる家電などをまとめて管理する端末として、8インチの画面を備えた「エコーハブ」を新たに売り出す。毎日決まった時間に照明と冷房を付けるなど、複数の家電にまたがる操作を一括で設定できる。日本でも販売し、価格は2万5980円。21日から注文を受け付ける。

アマゾンは23年5月、西部ワシントン州シアトルに続く第2本社をアーリントンに開いた。当初は第2本社を米東部ニューヨーク市と首都ワシントン近郊のアーリントンの2カ所に分割して設置すると表明したが、ニューヨークでは地元政治家らの反発を受けて19年に計画を撤回した経緯がある。

アーリントンの第2本社ではアマゾンの従業員約8000人が働く。新型コロナウイルスの感染拡大や働き方の変化を経て、一部の区画で着工を延期している。

（2023年9月21日　日本経済新聞）

サムスン、スマホも力不足　半導体不振で14年ぶり低収益

韓国サムスン電子が14年ぶりの低収益に苦しんでいる。27日発表の2023年4～6月期業績は営業利益が前年同期比95%減の6700億ウォン（約730億円）だった。半導体部門の巨額赤字を他部門の収益で穴埋めして辛うじて黒字を確保したものの、これまで補完役を担ってきたスマートフォン事業の収益力低下が鮮明になっている。

26日夜、ソウル市の大型展示場には世界各地からユーチューバーやインフル

エンサーが集結していた。その数、1100人。お目当てはサムスンの最新スマホの発表だ。

これまで欧米各都市で年2回実施してきた同社最大イベントを初めて母国で開催。「BTS（防弾少年団）」など人気グループのメンバーも駆けつけ、発表会に花を添えた。

サムスンはこの場で、折り畳みスマホの最新機種を公開した。スマホ事業を統括する盧泰文（ノ・テムン）社長は「わずか数年で数千万人の折り畳みスマホ利用者の笑みがあふれた。今後数年でその市場は1億台を超えるだろう」と自信を示した。

最新機種「ギャラクシーＺフォールド5」と「ギャラクシーＺフリップ5」を8月に発売する。最大の特徴は、既存製品と比べて折り畳んだ時の厚さが2ミリメートル薄く、よりコンパクトにポケットに収まる点だ。Ｚフリップ5では背面ディスプレーの表示面積を3.8倍に広げた改良点もある。

小型の「Ｚフリップ5」は背面ディスプレーの面積を3.8倍に広げた

ただ、価格帯やカメラ性能、メモリー容量などは現行モデルと変わらず、消費者の購買意欲を高められるかは見通しにくい。

買い替え頻度の低下はサムスンに限った問題ではない。スマホの技術革新の余地が年々狭まり、消費者の需要を喚起できなくなっている。消費者側が現状のスマホに満足し、機能拡充を求めなくなったという面もある。

この汎用品（コモディティー）化の進展とともに安価な中国製スマホが台頭したことで、首位サムスンのシェアはじりじりと低下した。世界シェアは13年時点の31％から22年に21％まで下がった。スマホ部門の営業利益は13年の25兆ウォンから、22年に11兆6700億ウォンへと半減した。

かつてサムスンは半導体とスマホ（携帯電話）の「二本柱」で稼ぐ収益構造だった。振れ幅の大きい半導体事業が不振の時はスマホ部門が補い、安定成長を続けた。さらにディスプレーと家電・テレビ部門を持ち、巨額の半導体投資の原資を生み出してきた。

10年代に入るとディスプレーと家電・テレビが中国勢との激しい競争にさらされて収益力が低下。スマホでも中国勢の追い上げが続き、気がつけば半導体事業に依存する「一本足」の収益構造が鮮明になった。

そこに直撃したのが14年ぶりの半導体不況だ。23年4〜6月期の部門業績は、半導体が4兆3600億ウォンの営業赤字だったのに対し、スマホは3兆400億ウォンの黒字。ディスプレーが8400億ウォンの黒字、家電・テレビは7400億ウォンの黒字にとどまった。全体では何とか黒字を確保したものの、

半導体以外の力不足が露呈した。

サムスンは新たな収益源を生み出そうと、汎用品化の波にあらがってきた。

今回発表した折り畳みスマホもその一つだ。半導体やディスプレーを自ら手掛ける「垂直統合型」のサムスンが自社と協力会社の技術を持ち寄って19年に新市場を切り開いた。

その後、競合他社も追従して市場自体は大きくなった。しかし技術革新の余地は早くも狭まり、サムスンにとって5代目となる23年モデルの機能拡充は小幅にとどまった。このまま機能の優位性を打ち出せなければ、収益がしぼむリスクがある。

サムスンの主要事業は中国企業との競争にさらされ、長期的に収益力が低下傾向にある。それが今回の半導体不況で改めて浮き彫りになった。6月末時点で10兆円超の現金性資産も活用し、新たな収益事業の確立を急ぐ必要性が高まっている。

（2023年7月27日　日本経済新聞）

省エネ家電購入へ自治体支援　電気代値上げ、申請殺到も

自治体が住民を対象に省エネ家電の購入支援策を相次ぎ打ち出している。富山県や横浜市では家電の省エネ性能などに応じて最大3万～4万円分を還元し、買い替えで家計の電気代負担を軽くする。6月に家庭向け電気料金の引き上げを各地で迎えるなか、申請が殺到し、開始から10日間で予算が尽きる自治体も出ている。

富山県は5月の補正予算に支援事業費として5億円を計上し、準備を進めている。各家電の省エネ性能を星印で示した国の「統一省エネラベル」の星の数などに応じて、エアコン、冷蔵庫、発光ダイオード（LED）照明を購入した県民に1000～4万円分のキャッシュレス決済のポイントを付与する。

例えば星が4つ以上かつ冷房能力3.6キロワット以上のエアコンならポイントは2万円分で、県内に本店がある登録事業者の店舗で購入した場合は2倍とする。ポイントの代わりに県産品と交換できるギフトカードも選べる。財源には国の地方創生臨時交付金を活用する。

政府の認可を受け、6月から中部、関西、九州を除く電力大手7社の家庭向け電気料金が引き上げられた。政府試算による標準的な家庭の値上げ幅は北陸電力が42％と最も高い。富山県の担当者は「電気代は生活への影響が大きく、

支援したい」と話す。

事業開始は7月の想定だったが、「早めてほしい」との県民の声を受け、6月中へ前倒しを目指している。

青森県もエアコンなどの購入者に統一省エネラベルなどに応じて1000〜6万円分のポイントや商品券を還元する事業を8月下旬に始める。横浜市も同時期から購入金額の20%、上限3万円分を還元する。

東京都は4月、家庭の脱炭素化を図るため省エネ家電の購入者に付与する独自のポイントを2〜3割引き上げた。ポイントは商品券などと交換できる。

電気代高騰を受けて省エネ家電の購入を自治体が支援する動きは22年度後半ごろから出てきている。電気代を下げる政府の激変緩和策は9月で期限が切れる。家計への圧力が強まるなか、生活支援策として購入支援に関心を寄せる自治体は増えている。

県の大部分が6月の値上げを申請しなかった中部電力管内にある岐阜県も、省エネ家電の購入額に応じた最大4万円の現金給付を始める。購入者は後日レシートなどと合わせて申請し、県は指定の口座に振り込む。詳細は調整中だが、5月9日以降の購入分なら適用する。

県の担当者は「電気代が高い状態が長く続いている。省エネ家電への切り替えで家計の負担軽減と、地域の脱炭素化を進めたい」と話す。

住民の関心が高く、申請が殺到する事例も起きている。最大5万円の購入支援を5月1日に始めた広島県福山市は、予算が上限に達したとして購入者からの申請受け付けを10日に終了した。本来は8月末まで受け付ける予定だった。

約1億円の予算を組んだが「家電販売店での事前周知や、事業の開始が大型連休中に重なったことが影響した」（市担当者）もようだ。同市は反響の大きさを踏まえ、予算の追加を検討している。

（2023年6月2日　日本経済新聞）

バッテリーなどリサイクル強化　経産省、法改正視野

鉱物資源を含むバッテリーなどのリサイクル促進に向け、経済産業省は関連制度の見直しを進める。近く有識者検討会を作り、資源有効利用促進法などの改正を視野に議論を始める。リサイクルしやすい製品設計をメーカーに求めたり、製品回収をしやすくしたりすることを目指し、具体的な改正内容を詰める。27日にまとめた「成長志向型の資源自律経済戦略」の案に方針を盛り込んだ。

西村康稔経産相は「日本が世界に先駆けて取り組む意義は大きい」と期待を寄せた。

検討会では太陽光パネルやバッテリーなどを、リサイクルの重点品目に追加することなどを議論する。現在は家電製品などが重点品目になっている。政府が認定した製品を製造する設備への支援なども視野に入れる。

産学官の共同事業体も立ち上げる。リサイクル資源の利用・供給の目標達成に向けた行程表や、流通データなどをやりとりする基盤を作ることを検討する。

鉱物資源は埋蔵量が地域的に偏在しているものが少なくない。インドネシアによるニッケル鉱石の輸出禁止など、特定国が供給を絞り世界全体で影響が出たこともある。

日本は多くを輸入に頼り、十分な量の供給を受けられない事態もあり得る。日本で家庭から出る一般廃棄物のリサイクル率は20％に満たない。経済協力開発機構（OECD）全体の24％を下回り、リサイクルを強化すれば鉱物などを確保できる余地がある。

リサイクルは採掘などに比べ、二酸化炭素の排出量が最大で9割程度削減できるとされる。供給網寸断への備えと同時に、脱炭素化も進める狙いだ。

（2023年3月27日　日本経済新聞）

現職者・退職者が語る 電気機器業界の口コミ

※編集部に寄せられた情報を基に作成

▶労働環境

職種：物流企画　　年齢・性別：30代前半・男性

・ 残業代は基本的に全額出ますが，残業規制が厳しくなりました。
・ 労働量は部署によってまちまちで，繁忙期は休日出勤がある場合も。
・ ノートPCで社外，自宅で仕事する場合も残業代は支払われます。
・ 役職が上がると裁量性が導入されるため，年収が下がります。

職種：法務　　年齢・性別：30代前半・男性

・ サービス残業，休日出勤は一切なく，年休も取得しやすいです。
・ 2000年頃までは遅い時間まで働くことを良しとしていましたが，各人のライフスタイルに合わせて勤務できていると感じます。
・ 自宅で仕事を行うE-ワークも推奨されています。

職種：研究・開発（機械）　　年齢・性別：20代後半・男性

・ 社員同士の仲が良く，業務を行う上で協力関係を築きやすいです。
・ 自分のやる気次第で，難しい技術に挑戦できる環境にあります。
・ 責任ある仕事を任され，製品に関わっていることを実感できます。
・ 失敗を恐れず，チャレンジすることが求められる社風です。

職種：ソフトウェア開発（制御系）　　年齢・性別：20代後半・男性

・ フレンドリーな職場だと思います（体育会的という意味ではなく）。最低限の上下関係はありますが，とても自由な雰囲気だと思います。
・ 管理方法としては，自己流・自社流で時代遅れの感は否めません。
・ 最近はマネージメント力強化の取り組みを始めているようです。

▶福利厚生

職種：機械・機構設計，金型設計（機械）　　年齢・性別：20代後半・男性

- 福利厚生は大手企業だけあって，とても充実しています。
- ３カ月の研修の間は家賃，食費，光熱費は一切かかりません。
- 自営ホテルが格安で使えたり，帰省費用も出してもらえます。
- ただし，昇給制度は良くありません。

職種：一般事務　　年齢・性別：20代後半・女性

- 福利厚生はとても充実していると思います。
- 住宅補助は大阪だと独身寮，関東だと借り上げ寮となります。
- 事務の女性は皆年に１回は，１週間の連続有休を取得しています。
- 2010年以降は，先輩方が産休などを取得するようになりました。

職種：空調設備設計　　年齢・性別：20代後半・男性

- 金銭面の福利厚生はまったくないと考えておいたほうがいいです。
- 住宅手当がないのが一番大きいです。
- 退職金も確定拠出年金に移行したため，額の少なさに驚くかも。
- 保険が安かったり年休が取りやすかったりと，良い面もあります。

職種：サーバ設計・構築　　年齢・性別：20代後半・男性

- 福利厚生は充実していると思います。
- 自動車任意保険，生命保険，医療保険はグループ割引がありお得。
- 誕生日月に誕生日プレゼントが会社から全社員宛に貰えます。プレゼントの内容は，おそらく自社製品だと思います。

▶仕事のやりがい

職種：制御設計（電気・電子）　年齢・性別：20代後半・男性

- 自分が設計開発に携わった製品が世に出た時，やりがいを感じます。
- 国内外のインフラ開発で，人々の生活を支えていると実感します。
- 多くの企業と情報交換できる点も非常に刺激的です。
- 自分の能力次第で実際に製品の売上が左右されるプレッシャーも。

職種：研究開発　年齢・性別：30代前半・男性

- 次々に新しい業務が与えられるのでやりがいがあります。
- 海外勤務のチャンスも多くあり，望めば研修も受けられます。
- 開発に関しては非常に高い技術に触れることができます。
- 自身の開発能力を常に向上させることが大事だと思います。

職種：経営コンサルタント　年齢・性別：20代前半・女性

- 顧客規模が大きいため，非常にやりがいが大きいです。
- 社会を動かしている感は大企業ならではのものがあります。
- 数億単位でお金が動いていくため，自分の裁量権を感じます。顧客も大手の経営層であったりするため，とても刺激があります。

職種：ソフトウェア開発（制御系）　年齢・性別：20代後半・男性

- 少人数で開発するので，開発完了時の達成感は大きいと思います。
- 最近は新興国など市場の拡大もあり，非常にやりがいがあります。
- エコなど要求の変化もあり，やるべきことが増えてきています。
- 経営側もモチベーション向上のための取り組みを始めています。

▶ブラック？ホワイト？

職種：研究開発　　年齢・性別：20代前半・男性

- 研究開発の方針がコロコロ変わるのが非常に問題だと思います。
- やめると言っていた分野を急に復活させることもしばしば。
- 方針が急に変わる度に，その分野で働いていた優秀な人材が他社へ。
- 方針が定まらないため，効率が悪くなり現場が疲弊します。

職種：デジタル回路設計　　年齢・性別：20代前半・男性

- よくも悪くも昭和の空気が色濃く残っている会社です。
- 行事は基本的には全員参加が基本です。
- 運動会や全社スポーツ大会といったイベントを実施しております。
- 若手は応援団に駆り出されるため，体育会系のノリが必要です。

職種：評価・テスト（機械）　　年齢・性別：20代後半・男性

- 技術部の場合，残業が月100時間を越える人も少なからずいます。
- 部署によっては毎週のように休日出社が発生しているところも。
- 会社側は残業時間を減らそうとしているようですが，管理職は残業してあたりまえくらいの考えが主流のように感じます。

職種：法人営業　　年齢・性別：30代後半・男性

- 部門の統廃合を凄いスピードでやっています。
- この会社は7割が40歳以上のため，課長や部長が出向していきます。
- 本社で仕事がないまま，部下なしの課長や部長となる人もいます。
- 職階級のピラミッドが崩れた状態で非常に働きづらくなりました。

▶女性の働きやすさ

職種：一般事務　　年齢・性別：20代後半・女性

- 産休や育休などの制度はしっかりしていて働きやすいと思います。
- 管理職になるのは難しく，キャリアを求める女性には不向きかと。
- 部署移動などもなく，同じ部署で働き続けることになります。
- 安定，変化なしを求めるならばもってこいの職場だと思います。

職種：マーケティング　　年齢・性別：20代後半・男性

- 男女差別はないので，とても働きやすいと思います。
- 女性は4大卒・短大卒関係なく業務にあたるチャンスがあります。
- 労働時間が長いため，出産すると途端に働きにくくなります。
- 男女平等であるので，夫婦がそれぞれ別の国に駐在するケースも。

職種：回路設計・実装設計　　年齢・性別：20代後半・男性

- 育児休暇を取得後，職場に復帰している女性社員も多くいます。
- 女性の管理職は自分の周りではあまり見たことがありません。
- 育休制度は使いやすいようですが，女性の労働環境改善はまだかと。
- 男性社員が圧倒的に多いこともあり，男性社会なのだと思います。

職種：ソフトウェア関連職　　年齢・性別：20代後半・女性

- 女性マネージャーは50人の部署に1人程度，部長以上も少ないです。
- 育児休暇等を利用した場合は管理職になるのはほぼ難しいようです。
- 部署によっては男尊女卑の考え方は根強く残っています。
- 女性管理職を増やす方向にあるようですが，時間がかかりそうです。

▶今後の展望

職種：ソフトウェア開発（制御系）　　年齢・性別：20代後半・男性

・新興国や国際的エコ意識から市場は拡大傾向にあると思います。
・ライバル企業は技術的には日系メーカー，新興市場は中国系です。
・既存事業の動向はエアコンの需要が増え，開発案件が増えています。
・今後はあえて別分野への大胆な展開はないと思います。

職種：経理　　年齢・性別：20代後半・男性

・一応高いシェアは持っていますが，油断できない状況です。
・断トツのトップシェアというわけでもないので競争は激化するかと。
・既存事業については成長性というのはないのではと感じています。
・今後の将来性については，疑問に感じるところです。

職種：研究・開発（機械）　　年齢・性別：20代後半・男性

・会社設立以降ほぼ右肩上がりに業績を伸ばしています。
・一度も赤字転落していないため，将来的にも安泰だと思います。
・リーマン・ショックでも業績を落とすことなく乗り越えてきました。
・好況時に社員にバラまくことをしない堅実な経営方針がいいのかと。

職種：法人営業　　年齢・性別：20代後半・男性

・一般的な商材のため市場がなくなることはないと思います。
・ただ，競合他社も多く，価格競争が厳しいのは否めません。
・売るだけではなく技術的知識を身につけることが大事だと思います。
・即潰れることはないとは思いますが，定年までいられるかどうか。

電気機器業界　国内企業リスト（一部抜粋）

区別	会社名	本社住所
電気機器	イビデン株式会社	岐阜県大垣市神田町 2-1
	コニカミノルタ株式会社	東京都千代田区丸の内 2-7-2　JP タワー
	ブラザー工業株式会社	名古屋市瑞穂区苗代町 15 番 1 号
	ミネベア株式会社	長野県北佐久郡御代田町大字御代田 4106-73
	株式会社 日立製作所	東京都千代田区丸の内一丁目 6 番 6 号
	株式会社 東芝	東京都港区芝浦 1-1-1
	三菱電機株式会社	東京都千代田区丸の内 2-7-3　東京ビル
	富士電機株式会社	東京都品川区大崎一丁目 11 番 2 号 ゲートシティ大崎イーストタワー
	東洋電機製造株式会社	東京都中央区八重洲一丁目 4 番 16 号 東京建物八重洲ビル 5 階
	株式会社安川電機	北九州市八幡西区黒崎城石 2 番 1 号
	シンフォニアテクノロジー 株式会社	東京都港区芝大門 1-1-30　芝 NBF タワー
	株式会社明電舎	東京都品川区大崎二丁目 1 番 1 号 ThinkPark Tower
	オリジン電気株式会社	東京都豊島区高田 1 丁目 18 番 1 号
	山洋電気株式会社	東京都豊島区南大塚 3-33-1
	デンヨー株式会社	東京都中央区日本橋堀留町二丁目 8 番 5 号
	東芝テック株式会社	東京都品川区大崎 1-11-1 （ゲートシティ大崎ウエストタワー）
	芝浦メカトロニクス株式会社	神奈川県横浜市栄区笠間 2-5-1
	マブチモーター株式会社	千葉県松戸市松飛台 430 番地
	日本電産株式会社	京都府京都市南区久世殿城町 338 番地
	株式会社 東光高岳ホールディングス	東京都江東区豊洲 3-2-20 豊洲フロント 2F
	宮越ホールディングス 株式会社	東京都大田区大森北一丁目 23 番 1 号
	株式会社　ダイヘン	大阪市淀川区田川 2 丁目 1 番 11 号
	ヤーマン株式会社	東京都江東区古石場一丁目 4 番 4 号
	株式会社 JVC ケンウッド	神奈川県横浜市神奈川区守屋町三丁目 12 番地

区別	会社名	本社住所
電気機器	第一精工株式会社	京都市伏見区桃山町根来 12 番地 4
	日新電機株式会社	京都市右京区梅津高畝町 47 番地
	大崎電気工業株式会社	東京都品川区東五反田 2-10-2 東五反田スクエア
	オムロン株式会社	京都市下京区塩小路通堀川東入
	日東工業株式会社	愛知県長久手市蟹原 2201 番地
	IDEC 株式会社	大阪市淀川区西宮原 2-6-64
	株式会社 ジーエス・ユアサ コーポレーション	京都市南区吉祥院西ノ庄猪之馬場町 1 番地
	サクサホールディングス株式会社	東京都港区白金 1-17-3 NBF プラチナタワー
	株式会社メルコホールディングス	名古屋市中区大須三丁目 30 番 20 号 赤門通ビル
	株式会社テクノメディカ	横浜市都筑区仲町台 5-5-1
	日本電気株式会社	東京都港区芝五丁目 7 番 1 号
	富士通株式会社	神奈川県川崎市中原区上小田中 4-1-1
	沖電気工業株式会社	東京都港区虎ノ門 1-7-12
	岩崎通信機株式会社	東京都杉並区久我山 1 丁目 7 番 41 号
	電気興業株式会社	東京都千代田区丸の内三丁目 3 番 1 号 新東京ビル 7 階
	サンケン電気株式会社	埼玉県新座市北野三丁目 6 番 3 号
	株式会社ナカヨ通信機	前橋市総社町一丁目 3 番 2 号
	アイホン株式会社	愛知県名古屋市熱田区神野町 2-18
	ルネサス エレクトロニクス株式会社	神奈川県川崎市中原区下沼部 1753 番地
	セイコーエプソン株式会社	長野県諏訪市大和三丁目 3 番 5 号
	株式会社ワコム	埼玉県加須市豊野台二丁目 510 番地 1
	株式会社 アルバック	神奈川県茅ヶ崎市萩園 2500
	株式会社アクセル	東京都千代田区外神田四丁目 14 番 1 号 秋葉原 UDX　南ウイング 10 階
	株式会社ピクセラ	大阪府大阪市浪速区難波中 2-10-70 パークスタワー 25F

区別	会社名	本社住所
電気機器	EIZO 株式会社	石川県白山市下柏野町 153 番地
	日本信号株式会社	東京都千代田区丸の内 1-5-1 新丸の内ビルディング
	株式会社京三製作所	横浜市鶴見区平安町二丁目 29 番地の 1
	能美防災株式会社	東京都千代田区九段南 4 丁目 7 番 3 号
	ホーチキ株式会社	東京都品川区上大崎二丁目 10 番 43 号
	エレコム株式会社	大阪市中央区伏見町 4 丁目 1 番 1 号 明治安田生命大阪御堂筋ビル 9F
	日本無線株式会社	東京都杉並区荻窪 4-30-16 藤澤ビルディング
	パナソニック株式会社	大阪府門真市大字門真 1006 番地
	シャープ株式会社	大阪市阿倍野区長池町 22 番 22 号
	アンリツ株式会社	神奈川県厚木市恩名 5-1-1
	株式会社富士通ゼネラル	神奈川県川崎市高津区末長 1116 番地
	株式会社日立国際電気	東京都千代田区外神田 4-14-1 (秋葉原 UDX ビル 11F)
	ソニー株式会社	東京都港区港南 1-7-1
	TDK 株式会社	東京都港区芝浦三丁目 9 番 1 号 芝浦ルネサイトタワー
	帝国通信工業株式会社	神奈川県川崎市中原区苅宿 45 番 1 号
	ミツミ電機株式会社	東京都多摩市鶴牧 2-11-2
	株式会社タムラ製作所	東京都練馬区東大泉 1-19-43
	アルプス電気株式会社	東京都大田区雪谷大塚町 1-7
	池上通信機株式会社	東京都大田区池上 5-6-16
	パイオニア株式会社	神奈川県川崎市幸区新小倉 1-1
	日本電波工業株式会社	東京都渋谷区笹塚 1-50-1 笹塚 NA ビル
	株式会社日本トリム	大阪市北区梅田二丁目 2 番 22 号 ハービス ENT オフィスタワー 22F
	ローランド ディー . ジー . 株式会社	静岡県浜松市北区新都田一丁目 6 番 4 号
	フォスター電機株式会社	東京都昭島市つつじが丘一丁目 1 番 109 号
	クラリオン株式会社	埼玉県さいたま市中央区新都心 7-2
	SMK 株式会社	東京都品川区戸越 6 丁目 5 番 5 号

区別	会社名	本社住所
電気機器	株式会社ヨコオ	東京都北区滝野川 7-5-11
	株式会社 東光	東京都品川区東中延 1-5-7
	ティアック株式会社	東京都多摩市落合 1 丁目 47 番地
	ホシデン株式会社	大阪府八尾市北久宝寺 1-4-33
	ヒロセ電機株式会社	東京都品川区大崎 5 丁目 5 番 23 号
	日本航空電子工業株式会社	東京都渋谷区道玄坂 1-21-2
	TOA 株式会社	兵庫県神戸市中央区港島中町七丁目 2 番 1 号
	古野電気株式会社	兵庫県西宮市芦原町 9-52
	ユニデン株式会社	東京都中央区八丁堀 2-12-7
	アルパイン株式会社	東京都品川区西五反田 1-1-8
	スミダコーポレーション株式会社	東京都中央区日本橋蛎殻町一丁目 39 番 5 号 水天宮北辰ビル ヂング
	アイコム株式会社	大阪市平野区加美南 1-1-32
	リオン株式会社	東京都国分寺市東元町 3-20-41
	船井電機株式会社	大阪府大東市中垣内 7 丁目 7 番 1 号
	横河電機株式会社	東京都武蔵野市中町 2-9-32
	新電元工業株式会社	東京都千代田区大手町二丁目 2 番 1 号 新大手町ビル
	アズビル株式会社	東京都千代田区丸の内 2-7-3 （東京ビル）
	東亜ディーケーケー株式会社	東京都新宿区高田馬場一丁目 29 番 10 号
	日本光電工業株式会社	東京都新宿区西落合 1 丁目 31 番 4 号
	株式会社チノー	東京都板橋区熊野町 32-8
	株式会社共和電業	東京都調布市調布ヶ丘 3-5-1
	日本電子材料株式会社	兵庫県尼崎市西長洲町 2 丁目 5 番 13 号
	株式会社堀場製作所	京都市南区吉祥院宮の東町 2
	株式会社アドバンテスト	東京都千代田区丸の内 1 丁目 6 番 2 号
	株式会社小野測器	神奈川県横浜市港北区新横浜 3 丁目 9 番 3 号
	エスペック株式会社	大阪市北区天神橋 3-5-6
	パナソニックデバイス SUNX 株式会社	愛知県春日井市牛山町 2431-1

区別	会社名	本社住所
電気機器	株式会社キーエンス	大阪市東淀川区東中島 1-3-14
	日置電機株式会社	長野県上田市小泉 81
	シスメックス株式会社	兵庫県神戸市中央区脇浜海岸通 1 丁目 5 番 1 号
	株式会社メガチップス	大阪市淀川区宮原 1 丁目 1 番 1 号 新大阪阪急ビル
	OBARA GROUP 株式会社	神奈川県大和市中央林間 3 丁目 2 番 10 号
	日本電産コパル電子株式会社	東京都新宿区西新宿 7-5-25 西新宿木村屋ビル
	澤藤電機株式会社	群馬県太田市新田早川町 3 番地
	コーセル株式会社	富山県富山市上赤江町一丁目 6 番 43 号
	株式会社日立メディコ	東京都千代田区外神田 4-14-1（秋葉原 UDX 18 階）
	新日本無線株式会社	東京都中央区日本橋横山町 3 番 10 号
	オプテックス株式会社	滋賀県大津市雄琴 5-8-12
	千代田インテグレ株式会社	東京都中央区明石町 4-5
	レーザーテック株式会社	神奈川県横浜市港北区新横浜 2-10-1
	スタンレー電気株式会社	東京都目黒区中目黒 2-9-13
	岩崎電気株式会社	東京都中央区日本橋馬喰町 1-4-16 馬喰町第一ビルディング
	ウシオ電機株式会社	東京都千代田区大手町二丁目 6 番 1 号
	岡谷電機産業株式会社	東京都世田谷区等々力 6-16-9
	ヘリオス テクノ ホールディング株式会社	兵庫県姫路市豊富町御蔭 703 番地
	日本セラミック株式会社	鳥取市広岡 176-17
	株式会社遠藤照明	大阪府大阪市中央区本町一丁目 6 番 19 号
	株式会社日本デジタル研究所	東京都江東区新砂 1-2-3
	古河電池株式会社	神奈川県横浜市保土ヶ谷区星川 2-4-1
	双信電機株式会社	東京都港区三田 3-13-16 三田 43MT ビル 13F
	山一電機株式会社	東京都大田区南蒲田 2 丁目 16 番 2 号 テクノポート三井生命ビル 11 階
	株式会社 図研	横浜市都筑区荏田東 2-25-1
	日本電子株式会社	東京都昭島市武蔵野 3 丁目 1 番 2 号
	カシオ計算機株式会社	東京都渋谷区本町 1-6-2

区別	会社名	本社住所
電気機器	ファナック株式会社	山梨県南都留郡忍野村忍草字古馬場 3580
	日本シイエムケイ株式会社	東京都新宿区西新宿 6-5-1 新宿アイランドタワー 43F
	株式会社エンプラス	埼玉県川口市並木 2 丁目 30 番 1 号
	株式会社 大真空	兵庫県加古川市平岡町新在家 1389
	ローム株式会社	京都市右京区西院溝崎町 21
	浜松ホトニクス株式会社	静岡県浜松市中区砂山町 325-6 日本生命浜松駅前ビル
	株式会社三井ハイテック	北九州市八幡西区小嶺二丁目 10 番 1 号
	新光電気工業株式会社	長野県長野市小島田町 80 番地
	京セラ株式会社	京都府京都市伏見区竹田鳥羽殿町 6
	太陽誘電株式会社	東京都台東区上野 6 丁目 16 番 20 号
	株式会社村田製作所	京都府長岡京市東神足 1 丁目 10 番 1 号
	株式会社ユーシン	東京都港区芝大門 1-1-30　芝 NBF タワー
	双葉電子工業株式会社	千葉県茂原市大芝 629
	北陸電気工業株式会社	富山県富山市下大久保 3158 番地
	ニチコン株式会社	京都市中京区烏丸通御池上る
	日本ケミコン株式会社	東京都品川区大崎五丁目 6 番 4 号
	コーア株式会社	長野県上伊那郡箕輪町大字中箕輪 14016
	市光工業株式会社	神奈川県伊勢原市板戸 80
	株式会社小糸製作所	東京都港区高輪 4 丁目 8 番 3 号
	株式会社ミツバ	群馬県桐生市広沢町 1-2681
	スター精密株式会社	静岡県静岡市駿河区中吉田 20 番 10 号
	大日本スクリーン製造 株式会社	京都市上京区堀川通寺之内上る 4 丁目天神北町 1-1
	キヤノン電子株式会社	埼玉県秩父市下影森 1248 番地
	キヤノン株式会社	東京都大田区下丸子 3 丁目 30 番 2 号
	株式会社リコー	東京都中央区銀座 8-13-1　リコービル
	MUTOH ホールディングス 株式会社	東京都世田谷区池尻 3 丁目 1 番 3 号
	東京エレクトロン株式会社	東京都港区赤坂 5-3-1 赤坂 Biz タワー

区別	会社名	本社住所
精密機器	テルモ株式会社	東京都渋谷区幡ヶ谷 2-44-1
	クリエートメディック株式会社	神奈川県横浜市都筑区茅ヶ崎南 2-5-25
	日機装株式会社	東京都渋谷区恵比寿 4 丁目 20 番 3 号 恵比寿ガーデンプレイスタワー 22 階
	株式会社島津製作所	京都市中京区西ノ京桑原町 1 番地
	株式会社ジェイ・エム・エス	広島市中区加古町 12 番 17 号
	クボテック株式会社	大阪市北区中之島 4-3-36 玉江橋ビル
	ショットモリテックス株式会社	埼玉県朝霞市泉水 3-13-45
	長野計器株式会社	東京都大田区東馬込 1 丁目 30 番 4 号
	株式会社ブイ・テクノロジー	横浜市保土ヶ谷区神戸町 134 横浜ビジネスパーク イーストタワー 9F/5F
	東京計器株式会社	東京都大田区南蒲田 2-16-46
	愛知時計電機株式会社	名古屋市熱田区千年一丁目 2 番 70 号
	株式会社東京精密	東京都八王子市石川町 2968-2
	マニー株式会社	栃木県宇都宮市清原工業団地 8 番 3
	株式会社ニコン	東京都千代田区有楽町 1-12-1（新有楽町ビル）
	株式会社トプコン	東京都板橋区蓮沼町 75 番 1 号
	オリンパス株式会社	東京都新宿区西新宿 2-3-1　新宿モノリス
	理研計器株式会社	東京都板橋区小豆沢 2-7-6
	株式会社タムロン	埼玉県さいたま市見沼区蓮沼 1385 番地
	HOYA 株式会社	東京都新宿区中落合 2-7-5
	ノーリツ鋼機株式会社	和歌山市梅原 579 － 1
	株式会社エー・アンド・デイ	東京都豊島区東池袋 3 丁目 23 番 14 号
	シチズンホールディングス 株式会社	東京都西東京市田無町 6-1-12
	リズム時計工業株式会社	埼玉県さいたま市大宮区北袋町一丁目 299 番地 12
	大研医器株式会社	大阪市中央区道修町 3 丁目 6 番 1 号
	株式会社松風	京都市東山区福稲上高松町 11
	セイコーホールディングス 株式会社	東京都港区虎ノ門二丁目 8 番 10 号 虎ノ門 15 森ビル
	ニプロ株式会社	大阪市北区本庄西 3 丁目 9 番 3 号

第3章

就職活動のはじめかた

入りたい会社は決まった。しかし「就職活動とはそもそも何をしていいのかわからない」「どんな流れで進むかわからない」という声は意外と多い。ここでは就職活動の一般的な流れや内容，対策について解説していく。

▶就職活動のスケジュール

3月	**4**月	**6**月

就職活動スタート

> 2025年卒の就活スケジュールは,経団連と政府を中心に議論され,2024年卒の採用選考スケジュールから概ね変更なしとされている。

エントリー受付・提出

OB・OG訪問

> 企業の説明会には積極的に参加しよう。独自の企業研究だけでは見えてこなかった新たな情報を得る機会であるとともに,モチベーションアップにもつながる。また,説明会に参加した者だけに配布する資料などもある。

合同企業説明会　　個別企業説明会

筆記試験・面接試験等始まる（3月〜）

内々定（大手企業）

2月末までにやっておきたいこと

就職活動が本格化する前に，以下のことに取り組んでおこう。
　◎自己分析　◎インターンシップ　◎筆記試験対策
　◎業界研究・企業研究　◎学内就職ガイダンス
自分が本当にやりたいことはなにか，自分の能力を最大限に活かせる会社はどこか。自己分析と企業研究を重ね，それを文章などにして明確にしておき，面接時に最大限に活用できるようにしておこう。

※このスケジュール表は一般的なものです。本年（2019年度）の採用スケジュール表ではありませんので，ご注意ください。

7月　　　　　　　**8月**　　　　　　　**10月**

中小企業採用本格化

内定者の数が採用予定数に満たない企業，1年を通して採用を継続している企業，夏休み以降に採用活動を実施企業（後期採用）は採用活動を継続して行っている。大企業でも後期採用を行っていることもあるので，企業から内定が出ても，納得がいかなければ継続して就職活動を行うこともある。

中小企業の採用が本格化するのは大手企業より少し遅いこの時期から。HPなどで採用情報をつかむとともに，企業研究も怠らないようにしよう。

内々定とは10月1日以前に通知（電話等）されるもの。内定に関しては現在協定があり，10月1日以降に文書等にて通知される。

内々定（中小企業）　　　　　　　内定式（10月〜）

どんな人物が求められる？

多くの企業は，常識やコミュニケーション能力があり，社会のできごとに高い関心を持っている人物を求めている。これは「会社の一員として将来の企業発展に寄与してくれるか」という視点に基づく，もっとも普遍的な選考基準だ。もちろん，「自社の志望を真剣に考えているか」「自社の製品，サービスにどれだけの関心を向けているか」という熱意の部分も重要な要素になる。

就活ロールプレイ！

就職活動のスタート

内定までの道のりは，大きく分けると以下のようになる。

01 まず自己分析からスタート

　就職活動とは，「企業に自分をPRすること」。自分自身の興味，価値観に加えて，強み・能力という要素が加わって，初めて企業側に「自分が働いたら，こういうポイントで貢献できる」と自分自身を売り込むことができるようになる。

■自分の来た道を振り返る

　自己分析をするための第一歩は，「振り返ってみる」こと。

　小学校，中学校など自分のいた"場"ごとに何をしたか（部活動など），何を学んだか，交友関係はどうだったか，興味のあったこと，覚えている印象的なことを書き出してみよう。

■テストを受けてみる

　"自分では気がついていない能力"を客観的に検査してもらうことで，自分に向いている職種が見えてくる。下記の5種類が代表的なものだ。

①職業適性検査　　②知能検査　　③性格検査

④職業興味検査　　⑤創造性検査

■**先輩や専門家に相談してみる**

　就職活動をするうえでは，"いかに他人に自分のことをわかってもらうか"が重要なポイント。他者の視点で自分を分析してもらうことで，より客観的な視点で自己PRができるようになる。

自己分析の流れ

❏過去の経験を書いてみる

❏現在の自己イメージを明確にする…行動，考え方，好きなものなど。

❏他人から見た自分を明確にする

❏将来の自分を明確にしてみる…どのような生活をおくっていたいか。期待，夢，願望。なりたい自分はどういうものか，掘り下げて考える。→自己分析結果を，志望動機につなげていく。

理論編 STEP2　企業の情報を収集する

01　企業の絞り込み

　志望企業の絞り込みについての考え方は大きく分けて2つある。

　第1は，同一業種の中で1次候補，2次候補……と絞り込んでいく方法。

　第2は，業種を1次，2次，3次候補と変えながら，それぞれに2社程度ずつ絞り込んでいく方法。

　第1の方法では，志望する同一業種の中で，一流企業，中堅企業，中小企業，縁故などがある歯止めの会社……というふうに絞り込んでいく。

　第2の方法では，自分が最も望んでいる業種，将来好きになれそうな業種，発展性のある業種，安定性のある業種，現在好況な業種……というふうに区別して，それぞれに適当な会社を絞り込んでいく。

02　情報の収集場所

・キャリアセンター

・新聞

・インターネット

・企業情報

『就職四季報』（東洋経済新報社刊），『日経会社情報』（日本経済新聞社刊）などの企業情報。この種の資料は本来"株式市場"についての資料だが，その時期の景気動向を含めた情報を仕入れることができる。

・経済雑誌

『ダイヤモンド』（ダイヤモンド社刊）や『東洋経済』（東洋経済新報社刊），『エコノミスト』（毎日新聞出版刊）など。

・OB・OG／社会人

①成長力

　まず"売上高"。次に資本力の問題や利益率などの比率。いくら資本金があっても，それを上回る膨大な借金を抱えていて，いくら稼いでも利払いに追われまくるようでは，成長できないし，安定できない。

　成長力を見るには自己資本率を割り出してみる。自己資本を総資本で割って100を掛けると自己資本率がパーセントで出てくる。自己資本の比率が高いほうが成長力もあり安定度も高い。

　利益率は純利益を売上高で割って100を掛ける。利益率が高ければ，企業はどんどん成長するし，社員の待遇も上昇する。利益率が低いということは，仕事がどんなに忙しくても利益にはつながらないということになる。

②技術力

　技術力は，短期的な見方と長期的な展望が必要になってくる。研究部門が適切な規模か，大学など企業外の研究部門との連絡があるか，先端技術の分野で開発を続けているかどうかなど。

③経営者と経営形態

　会社が将来，どのような発展をするか，または衰退するかは経営者の経営哲学，経営方針によるところが大きい。社長の経歴を知ることも必要。創始者の息子，孫といった親族が社長をしているのか，サラリーマン社長か，官庁などからの天下りかということも大切なチェックポイント。

④社風

　社風というのは先輩社員から後輩社員に伝えられ，教えられるもの。社風もいろいろな面から必ずチェックしよう。

⑤安定性

　企業が成長しているか，安定しているかということは車の両輪。どちらか片方の回転が遅くなっても企業はバランスを失う。安定し，しかも成長する。これが企業として最も理想とするところ。

⑥待遇

　初任給だけを考えてみても，それが手取りなのか，基本給なのか。基本給というのはボーナスから退職金，定期昇給の金額にまで響いてくる。また，待遇というのは給与ばかりではなく，福利厚生施設でも大きな差が出てくる。

■そのほかの会社比較の基準

1. ゆとり度

休暇制度は，企業によって独自のものを設定しているところもある。「長期休暇制度」といったものなどの制定状況と，また実際に取得できているかどうかも調べたい。

2. 独身寮や住宅設備

最近では，社宅は廃止し，住宅手当を多く出すという流れもある。寮や社宅についての福利厚生は調べておく。

3. オフィス環境

会社に根づいた慣習や社員に対する考え方が，意外にオフィスの設備やレイアウトに表れている場合がある。

たとえば，個人の専有スペースの広さや区切り方，パソコンなどOA機器の設置状況，上司と部下の机の配置など，会社によってずいぶん違うもの。玄関ロビーや受付の様子を観察するだけでも，会社ごとのカラーや特徴がどこかに見えてくる。

4. 勤務地

転勤はイヤ，どうしても特定の地域で生活していきたい。そんな声に応えて，最近は流通業などを中心に，勤務地限定の雇用制度を取り入れる企業も増えている。

---

column　初任給では分からない本当の給与

会社の給与水準には「初任給」「平均給与」「平均ボーナス」「モデル給与」など，判断材料となるいくつかのデータがある。これらのデータからその会社の給料の優劣を判断するのは非常に難しい。

たとえば中小企業の中には，初任給が飛び抜けて高い会社がときどきある。しかしその後の昇給率は大きくないのがほとんど。

一方，大手企業の初任給は業種間や企業間の差が小さく，ほとんど横並びと言っていい。そこで，「平均給与」や「平均ボーナス」などで将来の予測をするわけだが，これは一応の目安とはなるが，個人差があるので正確とは言えない。

04 就職ノートの作成

■決定版「就職ノート」はこう作る

1冊にすべて書き込みたいという人には，ルーズリーフ形式のノートがお勧め。会社研究，スケジュール，時事用語，OB／OG訪問，切り抜きなどの項目を作りインデックスをつける。

カレンダー，説明会，試験などのスケジュール表を貼り，とくに会社別の説明会，面談，書類提出，試験の日程がひと目で分かる表なども作っておく。そして見開き2ページで1社を載せ，左ページに企業研究，右ページには志望理由，自己PRなどを整理する。

就職ノートの主なチェック項目

❏企業研究…資本金，業務内容，従業員数など基礎的な会社概要から，過去の採用状況，業務報告などのデータ

❏採用試験メモ…日程，条件，提出書類，採用方法，試験の傾向など

❏店舗・営業所見学メモ…流通関係，銀行などの場合は，客として訪問し，商品（値段，使用価値，ユーザーへの配慮），店員（接客態度，商品知識，熱意，親切度），店舗（ショーケース，陳列の工夫，店内の清潔さ）などの面をチェック

❏OB／OG訪問メモ…OB／OGの名前，連絡先，訪問日時，面談場所，質疑応答のポイント，印象など

❏会社訪問メモ…連絡先，人事担当者名，会社までの交通機関，最寄り駅からの地図，訪問のときに得た情報や印象，訪問にいたるまでの経過も記入

05 「OB／OG訪問」

　「OB／OG訪問」は，実際は採用予備選考開始。まず，OB／OG訪問を希望したら，大学のキャリアセンター，教授などの紹介で，志望企業に勤める先輩の手がかりをつかむ。もちろん直接電話なり手紙で，自分の意向を会社側に伝えてもいい。自分の在籍大学，学部をはっきり言って，「先輩を紹介していただけないでしょうか」と依頼しよう。

参考　　**OB／OG訪問時の質問リスト例**

●採用について
- ・成績と面接の比重
- ・採用までのプロセス（日程）
- ・面接は何回あるか
- ・面接で質問される事項　etc.
- ・評価のポイント
- ・筆記試験の傾向と対策
- ・コネの効力はどうか

●仕事について
- ・内容（入社10年, 20年のOB/OG）
- ・希望職種につけるのか
- ・残業，休日出勤，出張など
- ・新入社員の仕事
- ・やりがいはどうか
- ・同業他社と比較してどうか　etc.

●社風について
- ・社内のムード
- ・仕事のさせ方　etc.
- ・上司や同僚との関係

●待遇について
- ・給与について
- ・昇進のスピード
- ・福利厚生の状態
- ・離職率について　etc.

インターンシップとは，学生向けに企業が用意している「就業体験」プログラム。ここで学生はさまざまな企業の実態をより深く知ることができ，その後の就職活動において自己分析，業界研究，職種選びなどに活かすことができる。また企業側にとっても有能な学生を発掘できるというメリットがあるため，導入する企業は増えている。

インターンシップ参加が採用につながっているケースもあるため，たくさん参加してみよう。

column コネを利用するのも１つの手段？

コネを活用できるのは，以下のような場合である。

・企業と大学に何らかの「連絡」がある場合

企業の新卒採用の場合，特定校・指定校が決められていることもある。企業側が過去の実績などに基づいて決めており，大学の力が大きくものをいう。

とくに理工系では，指導教授や研究室と企業との連絡が密接な場合が多く，教授の推薦が有利であることは言うまでもない。同じ大学出身の先輩とのコネも，この部類に区分できる。

・志望企業と「関係」ある人と関係がある場合

一般的に言えば，志望企業の取り引き先関係からの紹介というのが一番多い。ただし，年間億単位の実績が必要で，しかも部長・役員以上につながっていなければコネがあるとは言えない。

・志望企業と何らかの「親しい関係」がある場合

志望企業に勤務したりアルバイトをしていたことがあるという場合。インターンシップもここに分類される。職場にも馴染みがあり人間関係もできているので，就職に際してきわめて有利。

・志望会社に関係する人と「縁故」がある場合

縁故を「血縁関係」とした場合，日本企業ではこのコネはかなり有効なところもある。ただし，血縁者が同じ会社にいるというのは不都合なことも多いので，どの企業も慎重。

07 会社説明会のチェックポイント

1. 受付の様子

受付事務がテキパキとしていて，分かりやすいかどうか。社員の態度が親切で誠意が伝わってくるかどうか。

こういった受付の様子からでも，その会社の社員教育の程度や，新入社員採用に対する熱意とか期待を推し測ることができる。

2. 控え室の様子

控え室が2カ所以上あって，国立大学と私立大学の訪問者とが，別々に案内されているようなことはないか。また，面談の順番を意図的に変えているようなことはないか。これはよくある例で，すでに大半は内定しているということを意味する場合が多い。

3. 社内の雰囲気

社員の話し方，その内容を耳にはさむだけでも，社風が伝わってくる。

4. 面談の様子

何時間も待たせたあげくに，きわめて事務的に，しかも投げやりな質問しかしないような採用担当者である場合，この会社は人事が適正に行われていないということだから，一考したほうがよい。

 説明会での質問項目

・質問内容が抽象的でなく，具体性のあるものかどうか。
・質問内容は，現在の社会・経済・政治などの情況を踏まえた，
　大学生らしい高度で専門性のあるものか。
・質問をするのはいいが，「それでは，あなたの意見はどうか」と
　逆に聞かれたとき，自分なりの見解が述べられるものであるか。

提出書類を用意する

提出する書類は6種類。①〜③が大学に申請する書類，④〜⑥が自分で書く書類だ。大学に申請する書類は一度に何枚も入手しておこう。

- ①「卒業見込証明書」
- ②「成績証明書」
- ③「健康診断書」
- ④「履歴書」
- ⑤「エントリーシート」
- ⑥「会社説明会アンケート」

■自分で書く書類は「自己PR」

第1次面接に進めるか否かは「自分で書く書類」の出来にかかっている。「履歴書」と「エントリーシート」は会社説明会に行く前に準備しておくもの。「会社説明会アンケート」は説明会の際に書き，その場で提出する書類だ。

01 履歴書とエントリーシートの違い

Webエントリーを受け付けている企業に資料請求をすると，資料と一緒に「エントリーシート」が送られてくるので，応募サイトのフォームやメールでエントリーシートを送付する。Webエントリーを行っていない企業には，ハガキやメールで資料請求をする必要があるが，「エントリーシート」は履歴書とは異なり，企業が設定した設問に対して回答するもの。すなわちこれが「1次試験」であり，これにパスをした人だけが会社説明会に呼ばれる。

■**字はていねいに**

字を書くところから，その企業に対する"本気度"は測られている。

■**誤字，脱字は厳禁**

使用するのは，黒のインク。

■**修正液使用は不可**

■**数字は算用数字**

■**自分の広告を作るつもりで書く**

自分はこういう人間であり，何がしたいかということを簡潔に書く。メリットになることだけで良い。自分に損になるようなことを書く必要はない。

■**「やる気」を示す具体的なエピソードを**

「私はやる気があります」「私は根気があります」という抽象的な表現だけではNG。それを示すエピソードのようなものを書かなくては意味がない。

Point

自己紹介欄の項目はすべて「自己PR」。自分はこういう人間であることを印象づけ，それがさらに企業への「志望動機」につながっていくような書き方をする。

column 履歴書やエントリーシートは，共通でもいい？

「履歴書」や「エントリーシート」は企業によって書き分ける。業種はもちろん，同じ業界の企業であっても求めている人材が違うからだ。各書類は提出前にコピーを取り，さらに出した企業名を忘れずに書いておくことも大切だ。

履歴書記入のPoint

写真	スナップ写真は不可。 スーツ着用で,胸から上の物を使用する。ポイントは「清潔感」。 氏名・大学名を裏書きしておく。
日付	郵送の場合は投函する日,持参する場合は持参日の日付を記入する。
生年月日	西暦は避ける。元号を省略せずに記入する。
氏名	戸籍上の漢字を使う。印鑑押印欄があれば忘れずに押す。
住所	フリガナ欄がカタカナであればカタカナで,平仮名であれば平仮名で記載する。
学歴	最初の行の中央部に「学□□歴」と2文字程度間隔を空けて,中学校卒業から大学（卒業・卒業見込み）まで記入する。 中途退学の場合は,理由を簡潔に記載する。留年は記入する必要はない。 職歴がなければ,最終学歴の一段下の行の右隅に,「以上」と記載する。
職歴	最終学歴の一段下の行の中央部に「職□□歴」と2文字程度間隔を空け記入する。 「株式会社」や「有限会社」など,所属部門を省略しないで記入する。 「同上」や「〃」で省略しない。 最終職歴の一段下の行の右隅に,「以上」と記載する。
資格・免許	4級以下は記載しない。学習中のものも記載して良い。 「普通自動車第一種運転免許」など,省略せずに記載する。
趣味・特技	具体的に（例：読書でもジャンルや好きな作家を）記入する。
志望理由	その企業の強みや良い所を見つけ出したうえで,「自分の得意な事」がどう活かせるかなどを考えぬいたものを記入する。
自己PR	応募企業の事業内容や職種にリンクするような,自分の経験やスキルなどを記入する。
本人希望欄	面接の連絡方法,希望職種・勤務地などを記入する。「特になし」や空白はNG。
家族構成	最初に世帯主を書き,次に配偶者,それから家族を祖父母,兄弟姉妹の順に。続柄は,本人から見た間柄。兄嫁は,義姉と書く。
健康状態	「良好」が一般的。

理論編 STEP4　エントリーシートの記入

01 エントリーシートの目的

・応募者を，決められた採用予定者数に絞り込むこと

・面接時の資料にする

の2つ。

■知りたいのは職務遂行能力

　採用担当者が学生を見る場合は，「こいつは与えられた仕事をこなせるかどうか」という目で見ている。企業に必要とされているのは仕事をする能力なのだ。

Point

質問に忠実に，"自分がいかにその会社の求める人材に当てはまるか"を
丁寧に答えること。

02 効果的なエントリーシートの書き方

■情報を伝える書き方

　課題をよく理解していることを相手に伝えるような気持ちで書く。

■文章力

　大切なのは全体のバランスが取れているか。書く前に，何をどれくらいの字数で収めるか計算しておく。

　「起承転結」でいえば，「起」は，文章を起こす導入部分。「承」は，起を受けて，その提起した問題に対して承認を求める部分。「転」は，自説を展開する部分。もっともオリジナリティが要求される。「結」は，最後の締めの結論部分。文章の構成・まとめる力で，総合的な能力が高いことをアピールする。

200　第3章

▶エントリーシートでよく取り上げられる題材と，その出題意図

　エントリーシートで求められるものは，「自己PR」「志望動機」「将来どうなりたいか（目指すこと）」の3つに大別される。

1.「自己PR」

　自己分析にしたがって作成していく。重要なのは，「なぜそうしようと思ったか？」「○○をした結果，何が変わったのか？何を得たのか？」という“連続性”が分かるかどうかがポイント。

2.「志望動機」

　自己PRと一貫性を保ち，業界志望理由と企業志望理由を差別化して表現するように心がける。志望する業界の強みと弱み，志望企業の強みと弱みの把握は基本。

3.「将来の展望」

　どんな社員を目指すのか，仕事へはどう臨もうと思っているか，目標は何か，などが問われる。仕事内容を事前に把握しておくだけでなく，5年後の自分，10年後の自分など，具体的な将来像を描いておくことが大切。

表現力，理解力のチェックポイント

- ❏文法，語法が正しいかどうか
- ❏論旨が論理的で一貫しているかどうか
- ❏1センテンスが簡潔かどうか
- ❏表現が統一されているかどうか（「です，ます」調か「だ，である」調か）

理論編 STEP5　面接試験の進みかた

01 個人面接

●自由面接法

面接官と受験者のキャラクターやその場の雰囲気，質問と応答の進行具合などによって雑談形式で自由に進められる。

●標準面接法

自由面接法とは逆に，質問内容や評価の基準などがあらかじめ決まっている。実際には自由面接法と併用で，おおまかな質問事項や判定基準，評価ポイントを決めておき，質疑応答の内容上の制限を緩和しておくスタイルが一般的。1次面接などでは標準面接法をとり，2次以降で自由面接法をとる企業も多い。

●非指示面接法

受験者に自由に発言してもらい，面接官は話題を引き出したりするときなど，最小限の質問をするという方法。

●圧迫面接法

わざと受験者の精神状態を緊張させ，受験者がどのような応答をするかを観察し，判定する。受験者は，冷静に対応することが肝心。

02 集団面接

面接の方法は個人面接と大差ないが，面接官がひとつの質問をして，受験者が順にそれに答えるという方法と，面接官が司会役になって，座談会のような形式で進める方法とがある。

座談会のようなスタイルでの面接は，なるべく受験者全員が関心をもっているような話題を取りあげ，意見を述べさせるという方法。この際，司会役以外の面接官は一言も発言せず，判定・評価に専念する。

03 グループディスカッション

　グループディスカッション（以下，GD）の時間は30～60分程度，1グループの人数は5～10人程度で，司会は面接官が行う場合や，時間を決めて学生が交替で行うことが多い。面接官は内容については特に指示することはなく，受験者がどのようにGDを進めるかを観察する。

　評価のポイントは，全体的には理解力，表現力，指導性，積極性，協調性など，個別的には性格，知識，適性などが観察される。

　GDの特色は，集団の中での個人ということで，受験者の能力がどの程度のものであるか，また，どのようなことに向いているかを判定できること。受験者は，グループの中における自分の位置を面接官に印象づけることが大切だ。

グループディスカッション方式の面接におけるチェックポイント

- ❑ 全体の中で適切な論点を提供できているかどうか。
- ❑ 問題解決に役立つ知識を持っているか，また提供できているかどうか。
- ❑ もつれた議論を解きほぐし，的はずれの議論を元に引き戻す努力をしているかどうか。
- ❑ グループ全体としての目標をいつも考えているかどうか。
- ❑ 感情的な対立や攻撃をしかけているようなことはないか。
- ❑ 他人の意見に耳を傾け，よい意見には賛意を表し，それを全体に推し広げようという寛大さがあるかどうか。
- ❑ 議論の流れを自然にリードするような主導性を持っているかどうか。
- ❑ 提出した意見が議論の進行に大きな影響を与えているかどうか。

04 面接時の注意点

●控え室

　控え室には，指定された時間の15分前には入室しよう。そこで担当の係から，面接に際しての注意点や手順の説明が行われるので，疑問点は積極的に聞くようにし，心おきなく面接にのぞめるようにしておこう。会社によっては，所定のカードに必要事項を書き込ませたり，お互いに自己紹介をさせたりする場合もある。また，この控え室での行動も細かくチェックして，合否の資料にしている会社もある。

●**入室・面接開始**

　係員がドアの開閉をしてくれる場合もあるが，それ以外は軽くノックして入室し，必ずドアを閉める。そして入口近くで軽く一礼し，面接官か補助員の「どうぞ」という指示で正面の席に進み，ここで再び一礼をする。そして，学校名と氏名を名のって静かに着席する。着席時は，軽く椅子にかけるようにする。

●**面接終了と退室**

　面接の終了が告げられたら，椅子から立ち上がって一礼し，椅子をもとに戻して，面接官または係員の指示を受けて退室する。

　その際も，ドアの前で面接官のほうを向いて頭を下げ，静かにドアを開閉する。控え室に戻ったら，係員の指示を受けて退社する。

05 面接試験の評定基準

●**協調性**

　企業という「集団」では，他人との協調性が特に重視される。

　感情や態度が円満で調和がとれていること，極端に好悪の情が激しくなく，物事の見方や考え方が穏健で中立であることなど，職場での人間関係を円滑に進めていくことのできる人物かどうかが評価される。

●**話し方**

　外観印象的には，言語の明瞭さや応答の態度そのものがチェックされる。小さな声で自信のない発言，乱暴野卑な発言は減点になる。

　考えをまとめたら，言葉を選んで話すくらいの余裕をもって，真剣に応答しようとする姿勢が重視される。軽率な応答をしたり，まして発言に矛盾を指摘されるような事態は極力避け，もしそのような状況になりそうなときは，自分の非を認めてはっきりと謝るような態度を示すべき。

●**好感度**

　実社会においては，外観による第一印象が，人間関係や取引に大きく影響を及ぼす。

　「フレッシュな爽やかさ」に加え，入社志望など，自分の意思や希望をより明確にすることで，強い信念に裏づけられた姿勢をアピールできるよう努力したい。

●**判断力**

何を質問されているのか，何を答えようとしているのか，常に冷静に判断していく必要がある。

●表現力

話に筋道が通り理路整然としているか，言いたいことが簡潔に言えるか，話し方に抑揚があり聞く者に感銘を与えるか，用語が適切でボキャブラリーが豊富かどうか。

●積極性

活動意欲があり，研究心旺盛であること，進んで物事に取り組み，創造的に解決しようとする意欲が感じられること，話し方にファイトや情熱が感じられること，など。

●計画性

見通しをもって順序よく合理的に仕事をする性格かどうか，またその能力の有無。企業の将来性のなかに，自分の将来をどうかみ合わせていこうとしているか，現在の自分を出発点として，何を考え，どんな仕事をしたいのか。

●安定性

情緒の安定は，社会生活に欠くことのできない要素。自分自身をよく知っているか，他の人に流されない信念をもっているか。

●誠実性

自分に対して忠実であろうとしているか，物事に対してどれだけ誠実な考え方をしているか。

●社会性

企業は集団活動なので，自分の考えに固執したり，不平不満が多い性格は向かない。柔軟で適応性があるかどうか。

清潔感や明朗さ，若々しさといった外観面も重視される。

06 面接試験の質問内容

1. 志望動機

受験先の概要や事業内容はしっかりと頭の中に入れておく。また，その企業の企業活動の社会的意義と，自分自身の志望動機との関連を明確にしておく。「安定している」「知名度がある」「将来性がある」といった利己的な動機，「自

分の性格に合っている」というような，あいまいな動機では説得力がない。安定性や将来性は，具体的にどのような企業努力によって支えられているのかという考察も必要だし，それに対する受験者自身の評価や共感なども問われる。

①どうしてその業種なのか

②どうしてその企業なのか

③どうしてその職種なのか

以上の①〜③と，自分の性格や資質，専門などとの関連性を説明できるようにしておく。

自分がどうしてその会社を選んだのか，どこに大きな魅力を感じたのかを，できるだけ具体的に，情熱をもって語ることが重要。自分の長所と仕事の適性を結びつけてアピールし，仕事のやりがいや仕事に対する興味を述べるのもよい。

■複数の企業を受験していることは言ってもいい？

同じ職種，同じ業種で何社かかけもちしている場合，正直に答えてもかまわない。しかし，「第一志望はどこですか」というような質問に対して，正直に答えるべきかどうかというと，やはりこれは疑問がある。どんな会社でも，他社を第一志望にあげられれば，やはり愉快には思わない。

また，職種や業種の異なる会社をいくつか受験する場合も同様で，極端に性格の違う会社をあげれば，その矛盾を突かれるのは必至だ。

2. 仕事に対する意識・職業観

採用試験の段階では，次年度の配属予定が具体的に固まっていない会社もかなりある。具体的に職種や部署などを細分化して募集している場合は別だが，そうでない場合は，希望職種をあまり狭く限定しないほうが賢明。どの業界においても，採用後，新入社員には，研修としてその会社の各セクションをひと通り経験させる企業は珍しくない。そのうえで，具体的な配属計画を検討するのだ。

大切なことは，就職や職業というものを，自分自身の生き方の中にどう位置づけるか，また，自分の生活の中で仕事とはどういう役割を果たすのかを考えてみること。つまり自分の能力を活かしたい，社会に貢献したい，自分の存在価値を社会的に実現してみたい，ある分野で何か自分の力を試してみたい……，などの場合を考え，それを自分自身の人生観，志望職種や業種などとの関係を考えて組み立ててみる。自分の人生観をもとに，それを自分の言葉で表現できるようにすることが大切。

3. 自己紹介・自己PR

性格そのものを簡単に変えたり，欠点を克服したりすることは実際には難しいが，“仕方がない”という姿勢を見せることは禁物で，どんなささいなことでも，努力している面をアピールする。また一般的にいって，専門職を除けば，就職時になんらかの資格や技能を要求する企業は少ない。

ただ，資格をもっていれば採用に有利とは限らないが，専門性を要する業種では考慮の対象とされるものもある。たとえば英検，簿記など。

企業が学生に要求しているのは，4年間の勉学を重ねた学生が，どのように仕事に有用であるかということで，学生の知識や学問そのものを聞くのが目的ではない。あくまで，社会人予備軍としての謙虚さと素直さを失わないようにする。

知識や学力よりも，その人の人間性，ビジネスマンとしての可能性を重視するからこそ，面接担当者は，学生生活全般について尋ねることで，書類だけでは分からない人間性を探ろうとする。

何かうち込んだものや思い出に残る経験などは，その人の人間的な成長になんらかの作用を及ぼしているものだ。どんな経験であっても，そこから受けた印象や教訓などは，明確に答えられるようにしておきたい。

4. 一般常識・時事問題

一般常識・時事問題については筆記試験の分野に属するが，面接でこうしたテーマがもち出されることも珍しくない。受験者がどれだけ社会問題に関心をもっているか，一般常識をもっているか，また物事の見方・考え方に偏りがないかなどを判定する。知識や教養だけではなく，一問一答の応答を通じて，その人の性格や適応能力まで判断されることになる。

07 面接に向けての事前準備

■面接試験１カ月前までには万全の準備をととのえる

●志望会社・職種の研究

新聞の経済欄や経済雑誌などのほか，会社年鑑，株式情報など書物による研究をしたり，インターネットにあがっている企業情報や，検索によりさまざまな角度から調べる。すでにその会社へ就職している先輩や知人に会って知識を得たり，大学のキャリアセンターへ情報を求めるなどして総合的に判断する。

■専攻科目の知識・卒論のテーマなどの整理

大学時代にどれだけ勉強してきたか，専攻科目や卒論のテーマなどを整理しておく。

■**時事問題に対する準備**

毎日欠かさず新聞を読む。志望する企業の話題は，就職ノートに整理するなどもアリ。

面接当日の必需品

- ❏ 必要書類（履歴書，卒業見込証明書，成績証明書，健康診断書，推薦状）
- ❏ 学生証
- ❏ 就職ノート（志望企業ファイル）
- ❏ 印鑑，朱肉
- ❏ 筆記用具（万年筆，ボールペン，サインペン，シャープペンなど）
- ❏ 手帳，ノート
- ❏ 地図（訪問先までの交通機関などをチェックしておく）
- ❏ 現金（小銭も用意しておく）
- ❏ 腕時計（オーソドックスなデザインのもの）
- ❏ ハンカチ，ティッシュペーパー
- ❏ くし，鏡（女性は化粧品セット）
- ❏ シューズクリーナー
- ❏ ストッキング
- ❏ 折りたたみ傘（天気予報をチェックしておく）
- ❏ 携帯電話，充電器

理論編 STEP6　筆記試験の種類

■一般常識試験

> 社会人として企業活動を行ううえで最低限必要となる一般常識のほか，
> 英語，国語，社会(時事問題)，数学などの知識の程度を確認するもの。

　難易度はおおむね中学・高校の教科書レベル。一般常識の問題集を1冊やっておけばよいが，業界によっては専門分野が出題されることもあるため，必ず志望する企業のこれまでの試験内容は調べておく。

■一般常識試験の対策

- ・英語　慣れておくためにも，教科書を復習する，英字新聞を読むなど。
- ・国語　漢字，四字熟語，反対語，同音異義語，ことわざをチェック。
- ・時事問題　新聞や雑誌，テレビ，ネットニュースなどアンテナを張っておく。

■適性検査

　SPI (Synthetic Personality Inventory) 試験 (SPI3試験) とも呼ばれ，能力テストと性格テストを合わせたもの。

　能力テストでは国語能力を測る「言語問題」と，数学能力を測る「非言語問題」がある。言語的能力，知覚能力，数的能力のほか，思考・推理能力，記憶力，注意力などの問題で構成されている。

　性格テストは「はい」か「いいえ」で答えていく。仕事上の適性と性格の傾向などが一致しているかどうかをみる。

> SPIは職務への適応性を客観的にみるためのもの。

01 「論文」と「作文」

　一般に「論文」はあるテーマについて自分の意見を述べ，その論証をする文章で，必ず意見の主張とその論証という2つの部分で構成される。問題提起と論旨の展開，そして結論を書く。

　「作文」は，一般的には感想文に近いテーマ，たとえば「私の興味」「将来の夢」といったものがある。

　就職試験では「論文」と「作文」を合わせた"論作文"とでもいうようなものが出題されることが多い。

　論作文試験とは，「文章による面接」。テーマに書き手がどういう態度を持っているかを知ることが，出題の主な目的だ。受験者の知識・教養・人生観・社会観・職業観，そして将来への希望などが，どのような思考を経て，どう表現されているかによって，企業にとって，必要な人物かどうかを判断している。

　論作文の場合には，書き手の社会的意識や考え方に加え，「感銘を与える」働きが要求される。就職活動とは，企業に対し「自分をアピールすること」だということを常に念頭に置いておきたい。

Point

論文と作文の違い

	論　文	作　文
テーマ	学術的・社会的・国際的なテーマ。時事，経済問題など	個人的・主観的なテーマ。人生観，職業観など
表現	自分の意見や主張を明確に述べる。	自分の感想を述べる。
展開	四段型（起承転結）の展開が多い。	三段型（はじめに・本文・結び）の展開が多い。
文体	「だ調・である調」のスタイルが多い。	「です調・ます調」のスタイルが多い。

・テーマ

与えられた課題（テーマ）を，受験者はどのように理解しているか。

出題されたテーマの意義をよく考え，それに対する自分の意見や感情が，十分に整理されているかどうか。

・表現力

課題について本人が感じたり，考えたりしたことを，文章で的確に表しているか。

・字・用語・その他

かなづかいや送りがなが合っているか，文中で引用されている格言やことわざの類が使用法を間違えていないか，さらに誤字・脱字に至るまで，文章の基本的な力が受験者の人柄ともからんで厳密に判定される。

・オリジナリティ

魅力がある文章とは，オリジナリティを率直に出すこと。自分の感情や意見を，自分の言葉で表現する。

・生活態度

文章は，書き手の人格や人柄を映し出す。平素の社会的関心や他人との協調性，趣味や読書傾向はどうであるかといった，受験者の日常における生き方，生活態度がみられる。

・字の上手・下手

できるだけ読みやすい字を書く努力をする。また，制限字数より文章が長くなって原稿用紙の上下や左右の空欄に書き足したりすることは避ける。消しゴムで消す場合にも，丁寧に。

いずれの場合でも，表面的な文章力を問うているのではなく，受験者の人柄のほうを重視している。

実践編 マナーチェックリスト

就活において企業の人事担当は，面接試験やOG／OB訪問，そして面接試験において，あなたのマナーや言葉遣いといった，「常識力」をチェックしている。現在の自分はどのくらい「常識力」が身についているかをチェックリストで振りかえり，何ができて，何ができていないかを明確にしたうえで，今後の取り組みに生かしていこう。

評価基準　5：大変良い　4：やや良い　3：どちらともいえない　2：やや悪い　1：悪い

	項　目	評　価	メ　モ
挨拶	明るい笑顔と声で挨拶をしているか		
	相手を見て挨拶をしているか		
	相手より先に挨拶をしているか		
	お辞儀を伴った挨拶をしているか		
	直接の応対者でなくても挨拶をしているか		
表情	笑顔で応対しているか		
	表情に私的感情がでていないか		
	話しかけやすい表情をしているか		
	相手の話は真剣な顔で聞いているか		
身だしなみ	前髪は目にかかっていないか		
	髪型は乱れていないか／長い髪はまとめているか		
	髭の剃り残しはないか／化粧は健康的か		
	服は汚れていないか／清潔に手入れされているか		
	機能的で職業・立場に相応しい服装をしているか		
	華美なアクセサリーはつけていないか		
	爪は伸びていないか		
	靴下の色は適当か／ストッキングの色は自然な肌色か		
	靴の手入れは行き届いているか		
	ポケットに物を詰めすぎていないか		

項　目	評　価	メ　モ
言葉遣い / 専門用語を使わず，相手にわかる言葉で話しているか		
言葉遣い / 状況や相手に相応しい敬語を正しく使っているか		
言葉遣い / 相手の聞き取りやすい音量・速度で話しているか		
言葉遣い / 語尾まで丁寧に話しているか		
言葉遣い / 気になる言葉癖はないか		
動作 / 物の授受は両手で丁寧に実施しているか		
動作 / 案内・指し示し動作は適切か		
動作 / キビキビとした動作を心がけているか		
心構え / 勤務時間・指定時間の5分前には準備が完了しているか		
心構え / 心身ともに健康管理をしているか		
心構え / 仕事とプライベートの切替えができているか		

☑ 常に自己点検をするクセをつけよう

「人を表情やしぐさ，身だしなみなどの見かけで判断してはいけない」と一般にいわれている。確かに，人の個性は見かけだけではなく，内面においても見いだされるもの。しかし，私たちは人を第一印象である程度決めてしまう傾向がある。それが面接試験など初対面の場合であればなおさらだ。したがって，チェックリストにあるような挨拶，表情，身だしなみ等に注意して面接試験に臨むことはとても重要だ。ただ，これらは面接試験前にちょっと対策したからといって身につくようなものではない。付け焼き刃的な対策をして面接試験に臨んでも，面接官はあっという間に見抜いてしまう。日頃からチェックリストにあるような項目を意識しながら行動することが大事であり，そうすることで，最初はぎこちない挨拶や表情等も，その人の個性に応じたすばらしい所作へ変わっていくことができるのだ。さっそく，本日から実行してみよう。

面接試験において，印象を決定づける表情はとても大事。
どのようにすれば感じのいい表情ができるのか，ポイントを確認していこう。

明るく,温和で
柔らかな表情をつくろう

人間関係の潤滑油

表情に関しては，まずは豊かである
ということがベースになってくる。う
れしい表情，困った表情，驚いた表
情など，さまざまな気持ちを表現で
きるということが，人間関係を潤いの
あるものにしていく。

Point

　表情はコミュニケーションの大前提。相手に「いつでも話しかけてくださ
いね」という無言の言葉を発しているのが，就活に求められる表情だ。面接
官が安心してコミュニケーションをとろうと思ってくれる表情。それが，明
るく，温和で柔らかな表情となる。

いますぐデキる
カンタンTraining

Training **01**

喜怒哀楽を表してみよう

- ・人との出会いを楽しいと思うことが表情の基本
- ・表情を豊かにする大前提は相手の気持ちに寄り添うこと
- ・目元・口元だけでなく，眉の動きを意識することが大事

Training **02**

表情筋のストレッチをしよう

- ・表情筋は「ウイスキー」の発音によって鍛える
- ・意識して毎日，取り組んでみよう
- ・笑顔の共有によって相手との距離が縮まっていく

コミュニケーションは挨拶から始まり，その挨拶ひとつで印象は変わるもの。
ポイントを確認していこう。

丁寧にしっかりと
はっきり挨拶をしよう

人間関係の第一歩

挨拶は心を開いて，相手に近づくコ
ミュニケーションの第一歩。たかが
挨拶，されど挨拶の重要性をわきま
えて，きちんとした挨拶をしよう。形，
つまり"技"も大事だが，心をこめ
ることが最も重要だ。

Point

　挨拶はコミュニケーションの第一歩。相手が挨拶するのを待っているの
は望ましくない。挨拶の際のポイントは丁寧であることと，はっきり声に出
すことの2つ。丁寧な挨拶は，相手を大事にして迎えている気持ちの表れ
となる。はっきり声に出すことで，これもきちんと相手を迎えていることが
伝わる。また，相手もその応答として挨拶してくれることで，会ってすぐに
双方向のコミュニケーションが成立する。

いますぐデキる
カンタンTraining

Training 01

3つのお辞儀をマスターしよう

① 会釈（15度）　　　② 敬礼（30度）　　　③ 最敬礼（45度）

・息を吸うことを意識してお辞儀をするとキレイな姿勢に
・目線は真下ではなく，床前方1.5m先ぐらいを見よう
・相手への敬意を忘れずに

Training 02

対面時は言葉が先，お辞儀が後

・相手に体を向けて先に自ら挨拶をする
・挨拶時，相手とアイコンタクトを
　しっかり取ろう
・挨拶の後に，お辞儀をする。
　これを「語先後礼」という

コミュニケーションは「話す」よりも「聞く」ことといわれる。相手が話しやすい聞き方の，ポイントを確認しよう。

受容の立場で
傾聴しよう

相手の話を受けとめる

話を聞くときは，やや前に傾く姿勢をとる。表情と姿勢が合わさることにより，話し手の心が開き「あれも，これも話そう」という気持ちになっていく。また，「はい」と一度のお辞儀で頷くと相手の話を受け止めているというメッセージにつながる。

Point

　話をすること，話を聞いてもらうことは誰にとってもプレッシャーを伴うもの。そのため，「何でも話して良いんですよ」「何でも話を聞きますよ」「心配しなくて良いんですよ」という気持ちで聞くことが大切になる。その気持ちが聞く姿勢に表れれば，相手は安心して話してくれる。

いますぐデキる
カンタンTraining

Training 01

頷きは一度で

・相手が話した後に「はい」と
　一言発する
・頷きすぎは逆効果

Training 02

目線は自然に

・鼻の付け根あたりを見ると
　自然な印象に
・目を見つめすぎるのはNG

Training 03

話の句読点で視線を移す

・視線は話している人を見ることが基本
・複数の人の話を聞くときは句読点を意識し，
　視線を振り分けることで聞く姿勢を表す

STEP 4 伝わる話し方

自分の意思を相手に明確に伝えるためには，話し方が重要となる。はっきりと的確に話すためのポイントを確認しよう。

明るい発声を
心がけよう

ボリュームを意識して

話すときのポイントとしては，ボリュームを意識することが挙げられる。会議室の一番奥にいる人に声が届くように意識することで，声のボリュームはコントロールされていく。

Point

コミュニケーションとは「伝達」すること。どのようなことも，適当に伝えるのではなく，伝えるべきことがきちんと相手に届くことが大切になる。そのためには，はっきりと，分かりやすく，丁寧に，心を込めて話すこと。言葉だけでなく，表情やジェスチャーを加えることも有効。

いますぐデキる
カンタンTraining

Training 01
腹式呼吸で発声練習

・「あえいうえおあお」と発声する
・腹式呼吸は，胸部をなるべく動かさ
　ずに，息を吸うときにお腹や腰が膨
　らむよう意識する呼吸法

Training 02
早口言葉にチャレンジ

おあやや
母親に
お謝り

・「おあやや，母親に，お謝り」と早口で
・口がすぼまった「お」と口が開いた
　「あ」の発音に，変化をつけられる
　かがポイント

Training 03
ジェスチャーを有効活用

・腰より上でジェスチャーをする
・体から離した位置に手をもっていく
・ジェスチャーをしたら戻すところを
　さだめておく

身だしなみはその人自身を表すもの。身だしなみの基本について，ポイントを確認しよう。

清潔感,さわやかさを
醸し出せるようにしよう

プロの企業人に
ふさわしい身だしなみを

信頼感，安心感をもたれる身だしなみを考えよう。TPOに合わせた服装は，すなわち"礼"を表している。そして，身だしなみには，「清潔感」，「品のよさ」，「控え目である」という，3つのポイントがある。

Point

相手との心理的な距離や物理的な距離が遠ければ，コミュニケーションは成立しにくくなる。見た目が不潔では誰も近付いてこない。身だしなみが清潔であること，爽やかであることは相手との距離を縮めることにも繋がる。

いますぐデキる
カンタンTraining

Training 01

髪型，服装を整えよう

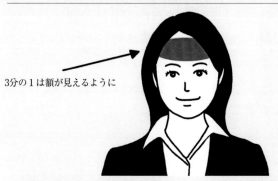

3分の1は額が見えるように

・男性も女性も眉が見える髪型が望ましい。3分の1は額が見えるように。額は知性と清潔感を伝える場所。男性の髪の長さは耳や襟にかからないように
・スーツで相手の前に立つときは，ボタンはすべて留める。男性の場合は下のボタンは外す

Training 02

おしゃれとの違いを明確に

・爪はできるだけ切りそろえる
・爪の中の汚れにも注意
・ジェルネイル，ネイルアートはNG

Training 03

足元にも気を配って

・女性の場合はパンプス，男性の場合は黒の紐靴が望ましい
・靴はこまめに汚れを落とし見栄えよく

姿勢にはその人の意欲が反映される。前向き，活動的な姿勢を表すにはどうしたらよいか，ポイントを確認しよう。

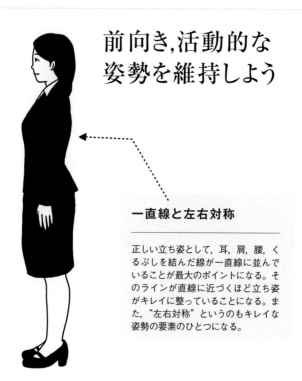

前向き,活動的な 姿勢を維持しよう

一直線と左右対称

正しい立ち姿として，耳，肩，腰，くるぶしを結んだ線が一直線に並んでいることが最大のポイントになる。そのラインが直線に近づくほど立ち姿がキレイに整っていることになる。また，"左右対称"というのもキレイな姿勢の要素のひとつになる。

Point

　姿勢は，身体と心の状態を反映するもの。そのため，良い姿勢でいることは，印象が清々しいだけでなく，健康で元気そうに見え，話しかけやすさにも繋がる。歩く姿勢，立つ姿勢，座る姿勢など，どの場面にも心身の健康状態が表れるもの。日頃から心身の健康状態に気を配り，フィジカルとメンタル両面の自己管理を心がけよう。

いますぐデキる
カンタンTraining

Training 01

キレイな歩き方を心がけよう

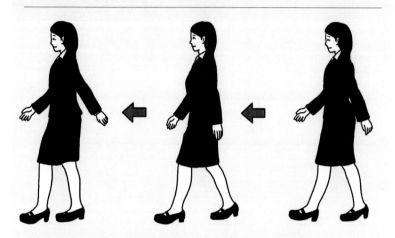

- 女性は1本の線上を，男性はそれよりも太い線上を沿うように歩く
- 一歩踏み出したときに前の足に体重を乗せるように，腰から動く
- 12時の方向につま先をもっていく

Training 02

前向きな気持ちを持とう

- 常に前向きな気持ちが姿勢を正す
- ポジティブ思考を心がけよう

言葉遣いの正しさはとは，場面にあった言葉を遣うということ。相手を気づかいながら，言葉を選ぶことで，より正しい言葉に近づいていく。

相手と場面に合わせた ふさわしい言葉遣いを

次の文は接客の場面でよくある間違えやすい敬語です。
それぞれの言い方は○×どちらでしょうか。

問1 「資料をご拝読いただきありがとうございます」

問2 「こちらのパンフレットはもういただかれましたか？」

問3 「恐れ入りますが，こちらの用紙にご記入してください」

問4 「申し訳ございませんが，来週，休ませていただきます」

問5 「先ほどの件，帰りましたら上司にご報告いたしますので」

Point

　ビジネスのシーンに敬語は欠くことができない。何度もやり取りをしていく中で，親しさの度合いによっては，あえてくだけた表現を用いることもあるが，「親しき仲にも礼儀あり」と言われるように，敬意や心づかいをおろそかにしてはいけないもの。相手に誤解されたり，相手の気分を壊すことのないように，相手や場面にふさわしい言葉遣いが大切になる。

解答と解説

問1 （×） ○正しい言い換え例

→「ご覧いただきありがとうございます」など

「拝読」は自分が「読む」意味の謙譲語なので，相手の行為に使うのは誤り。読むと見るは同義なため，多く，見るの尊敬語「ご覧になる」が用いられる。

問2 （×） ○正しい言い換え例

→「お持ちですか」「お渡ししましたでしょうか」 など

「いただく」は，食べる・飲む・もらうの謙譲語。「もらったかどうか」と聞きたいのだから，「おもらいになりましたか」と言えないこともないが，持っているかどうか，受け取ったかどうかという意味で「お持ちですか」などが使われることが多い。また，自分側が渡すような場合は，「お渡しする」を使って「お渡ししましたでしょうか」などの言い方に換えることもできる。

問3 （×） ○正しい言い換え例

→「恐れ入りますが，こちらの用紙にご記入ください」など

「ご記入する」の「お（ご）〜する」は謙譲語の形。相手の行為を謙譲語で表すことになるため誤り。「して」を取り除いて「ご記入ください」か，和語に言い換えて「お書きください」とする。ほかにも「お書き／ご記入・いただけますでしょうか・願います」などの表現もある。

問4 （△）

有給休暇を取る場合や，弔事等で休むような場面で，用いられることも多い。「休ませていただく」ということで一見丁寧に響くが，「来週休むと自分で休みを決めている」という勝手な表現にも受け取られかねない言葉だ。ここは同じ「させていただく」を用いても，相手の都合をうかがう言い方に換えて「○○がございまして，申し訳ございませんが，休みをいただいてもよろしいでしょうか」などの言い換えが好ましい。

問5 （×） ○正しい言い換え例

→「上司に報告いたします」

「ご報告いたします」は，ソトの人との会話で使うとするならば誤り。「ご報告いたします」の「お・ご〜いたす」は，「お・ご〜する」と「〜いたす」という2つの敬語を含む言葉。そのうちの「お・ご〜する」は，主語である自分を低めて相手＝上司を高める働きをもつ表現（謙譲語Ⅰ）。一方「〜いたす」は，主語の私を低めて，話の聞き手に対して丁重に述べる働きをもつ表現（謙譲語Ⅱ　丁重語）。「お・ご〜する」も「〜いたす」も同じ謙譲語であるため紛らわしいが，主語を低める（謙譲）という働きは同じでも，行為の相手を高める働きがあるかないかという点に違いがあるといえる。

●情報提供のお願い●

　就職活動研究会では，就職活動に関する情報を募集していま
す。

　エントリーシートやグループディスカッション，面接，筆記
試験の内容等について情報をお寄せください。ご応募はメール
アドレス（edit@kyodo-s.jp）へお願いいたします。お送りくださ
いました方々には薄謝をさしあげます。

　ご協力よろしくお願いいたします。

会社別就活ハンドブックシリーズ

キヤノンの
就活ハンドブック

編　者	就職活動研究会
発　行	令和 6 年 2 月 25 日
発行者	小貫輝雄
発行所	協同出版株式会社

〒 101 − 0054
東京都千代田区神田錦町 2 − 5
電話　03 − 3295 − 1341
振替　東京00190 − 4 − 94061

印刷所	協同出版・POD 工場

落丁・乱丁はお取り替えいたします

●2025年度版●
会社別就活ハンドブックシリーズ
【全111点】

運　輸

東日本旅客鉄道の就活ハンドブック

東海旅客鉄道の就活ハンドブック

西日本旅客鉄道の就活ハンドブック

東京地下鉄の就活ハンドブック

小田急電鉄の就活ハンドブック

阪急阪神 HD の就活ハンドブック

商船三井の就活ハンドブック

日本郵船の就活ハンドブック

機　械

三菱重工業の就活ハンドブック

川崎重工業の就活ハンドブック

IHI の就活ハンドブック

島津製作所の就活ハンドブック

浜松ホトニクスの就活ハンドブック

村田製作所の就活ハンドブック

クボタの就活ハンドブック

金　融

三菱 UFJ 銀行の就活ハンドブック

三菱 UFJ 信託銀行の就活ハンドブック

みずほ FG の就活ハンドブック

三井住友銀行の就活ハンドブック

三井住友信託銀行の就活ハンドブック

野村證券の就活ハンドブック

りそなグループの就活ハンドブック

ふくおか FG の就活ハンドブック

日本政策投資銀行の就活ハンドブック

建設・不動産

三菱地所の就活ハンドブック

三井不動産の就活ハンドブック

積水ハウスの就活ハンドブック

大和ハウス工業の就活ハンドブック

鹿島建設の就活ハンドブック

大成建設の就活ハンドブック

清水建設の就活ハンドブック

資源・素材

旭旭化成グループの就活ハンドブック

東レの就活ハンドブック

ワコールの就活ハンドブック

関西電力の就活ハンドブック

日本製鉄の就活ハンドブック

中部電力の就活ハンドブック

九州電力の就活ハンドブック

自動車

トヨタ自動車の就活ハンドブック | デンソーの就活ハンドブック

本田技研工業の就活ハンドブック | 日産自動車の就活ハンドブック

商　社

三菱商事の就活ハンドブック | 伊藤忠商事の就活ハンドブック

住友商事の就活ハンドブック | 双日の就活ハンドブック

丸紅の就活ハンドブック | 豊田通商の就活ハンドブック

三井物産の就活ハンドブック

情報通信・IT

NTT データの就活ハンドブック | サイバーエージェントの就活ハンドブック

NTT ドコモの就活ハンドブック | LINE ヤフーの就活ハンドブック

野村総合研究所の就活ハンドブック | SCSK の就活ハンドブック

日本電信電話の就活ハンドブック | 富士ソフトの就活ハンドブック

KDDI の就活ハンドブック | 日本オラクルの就活ハンドブック

ソフトバンクの就活ハンドブック | GMO インターネットグループ

楽天の就活ハンドブック | オービックの就活ハンドブック

mixi の就活ハンドブック | DTS の就活ハンドブック

グリーの就活ハンドブック | TIS の就活ハンドブック

食品・飲料

サントリー HD の就活ハンドブック | 日本たばこ産業 の就活ハンドブック

味の素の就活ハンドブック | 日清食品グループの就活ハンドブック

キリン HD の就活ハンドブック | 山崎製パンの就活ハンドブック

アサヒグループ HD の就活ハンドブック | キユーピーの就活ハンドブック

生活用品

資生堂の就活ハンドブック | 武田薬品工業の就活ハンドブック

花王の就活ハンドブック

▼会社別就活ハンドブックシリーズにつきましては，協同出版のホームページからもご注文ができます。詳細は下記のサイトでご確認下さい。

https://kyodo-s.jp/examination_company